U0456607

写作委员会

主 任

喻在岗 祝 云

副主任

周书生 林 红

成 员

刘金霞 毛 坚 赵 怡

刘 科 魏 源 郝 红

庞家陵 隆益书 蔡辰婷

罗 婷 杨 恩

ARCHIVES

2021年度国家档案局科技项目

档案开放审核
标准化体系建设

四川省档案馆　著

四川大学出版社
SICHUAN UNIVERSITY PRESS

图书在版编目（CIP）数据

档案开放审核标准化体系建设 / 四川省档案馆著 .
成都：四川大学出版社，2024. 11. -- ISBN 978-7
-5690-7436-9

Ⅰ . G279.2-65

中国国家版本馆 CIP 数据核字第 20243SC049 号

书　　名：档案开放审核标准化体系建设
　　　　　Dang'an Kaifang Shenhe Biaozhunhua Tixi Jianshe
著　　者：四川省档案馆

选题策划：杨岳峰
责任编辑：李畅炜
责任校对：梁　明
装帧设计：观止堂
责任印制：李金兰

出版发行：四川大学出版社有限责任公司
　　　　　地址：成都市一环路南一段 24 号（610065）
　　　　　电话：（028）85408311（发行部）、85400276（总编室）
　　　　　电子邮箱：scupress@vip.163.com
　　　　　网址：https://press.scu.edu.cn
印前制作：南京观止堂文化发展有限公司
印刷装订：成都金龙印务有限责任公司

成品尺寸：170 mm×240 mm
印　　张：12.75
字　　数：126 千字

版　　次：2024 年 12 月 第 1 版
印　　次：2024 年 12 月 第 1 次印刷
定　　价：68.00 元

扫码获取数字资源

四川大学出版社
微信公众号

前言 PREFACE

　　开放是通往进步的必由之路。开放不仅是政策，更是胸襟，是信心，是智慧。为深入贯彻落实习近平总书记关于档案工作的重要指示精神，推进档案工作走向开放，四川省档案馆积极推进档案开放审核工作，将档案开放审核纳入"十四五"规划，纳入年度工作计划和目标考核，坚持每年审核一批、开放一批。2021年6月，省档案馆申报并获批国家档案局科技项目"档案开放审核标准化体系研究"。通过一年多的总结、研究、探索和实践，基本形成了"依法依规、严谨科学、结果稳定、安全可靠"的档案开放审核标准化体系，完成了项目研究任务，并荣获2023年度国家档案局优秀科技成果三等奖。项目组将研究成果汇编成册，旨在推动研究成果转化，回馈广大档案工作者，为实现档案开放审核工作规范化、标准化、科学化，推动新形势下档案开放审核工作提质增效贡献绵薄之力。

本书运用档案学、管理学、信息学等理念和思路，以系统观点深入研究档案开放审核工作，首次进行全方位的、成体系的集成建设，构建一个由工作机制、延期开放规则、质量管理、安全管理、科技赋能、人才保障组成的"六位一体"的档案开放审核标准化体系，涉及档案开放审核的各种要素、各个环节。主要内容包括：

一是创建科学化档案开放审核工作机制。工作机制是档案开放审核工作的基础，它规范档案开放审核的流程，明确各阶段任务，具有基础性、框架性作用。为使档案开放审核工作中的各环节和要素得到有序衔接、有效运转，首先要建立档案开放审核工作机制。本书从馆藏档案和拟进馆档案两方面，建立档案开放审核工作的制度规则、审核流程及保障条件等，从内外部协同机制、非常规机制两个维度对馆藏档案的开放审核机制进行建设。

二是制定多维度档案开放审核延期开放参考规则。审核中如何把握延期开放标准是开放审核工作的核心，决定档案开放审核的尺度和口径的宽严，关系档案开放审核目标的实现程度。本书阐述了档案开放审核划控应遵循的原则及依据，从敏感"事项""人物""数据""来源""文种"以及"其他"六个维度，制定了相互关联、相互补充、相互印证的档案开放审核延期开放规则，并对规则的适用性进行了分析和论证。

三是建立全流程档案开放审核质量管理系统。质量管理是开放审核工作的关键，是实现规范化、标准化、科学化的重要举措。本书借鉴国际标准化组织（ISO）质量管理体系的理念和思路，引入质量管理体系的理念、方法，率先提出档案开放审核质量管理的概念和具体做法，以质量管理全流程的把控为基础，从前端控制、过程管理、后期评估三个方面进行分析研究，明确档案开放审核中初审、复审、审议、确认等各节点质量控制的职责、任务与方法。同时，首次提出档案开放审核质量评估策略，并拟订《档案开放审核质量管理办法》。

四是形成全过程档案开放审核安全管理策略。安全管理是档案开放审核工作的底线，是确保档案实体和信息绝对安全的基本要求。本书专题研究档案开放审核中的安全问题，遵循严格管理、预防为主、防治结合、确保安全的原则，系统梳理了档案开放审核工作中普遍存在的安全风险和隐患，形成了全过程、无盲点的档案开放审核安全管理策略，并拟订《档案开放审核安全管理办法》。

五是运用智能化档案开放审核技术手段。人工智能辅助是档案开放审核转型升级的有效手段，是推动开放审核工作实现提质增效的驱动力。本书坚持需求导向，分析了档案开放审核工作对信息技术的需求，围绕档案开放审核中的各个维度和要素，利用关键词提取、敏感词标注等辅助技术，对其原理、设计及应用实践进行研究，以达到提高档案开放审核速度和精准度、赋能档案开放审核工作的目的。

六是探索前置性档案开放审核把关流程。本书立足拟进馆档案开放审核工作实际，创造性地提出文件开放审核前置，与归档审核同步，甚至提前至与文件的起草、承办同步，充分发挥文件起草、承办人员对文件的内容形成、密级确定、流转过程较为熟悉的优势，提高审核把关准确性。

七是创新前瞻性档案开放审核人才培养模式。人才培养作为档案开放审核工作的重要支撑和保障，将推进开放审核工作良性循环和可持续发展。档案开放审核人才缺乏是制约档案开放的瓶颈，本书从档案开放审核人员现状出发，梳理档案开放审核人员的构成、业务素质要求，设计了一套包括档案开放审核专业队伍构成、素质要求以及人才队伍建设策略等在内的较为完善的档案开放审核人才培养模式，有利于建立一支政治过硬、业务精湛的档案开放审核人才队伍。

本书植根于档案开放审核工作实践，对档案开放审核工作进行全方位的阐述，总结经验，固化成果，上升为标准体系，为建立档案开放审核理论框架提供支撑，为档案开放审核实践提供指导。本书研究形成的《档案开放审核质量管理办法》《档案开放审核安全管理办法》等，作为参考案例，具有可操作性，可为各档案馆制定档案开放审核标准提供借鉴。

相信本书的出版，对各级国家档案馆、各级机关、团体、企事业单位和社会组织开展档案开放审核工作具有积极的指导意义和参考价值。

写作组

2024 年 8 月

目 录 CATALOGUE

第一章 CHAPTER 1 | 档案开放审核工作概论

走向开放是档案事业高质量发展的必由之路，档案开放水平也已经成为衡量国家档案馆工作水平的重要指标。而档案开放审核是档案开放的前提，也是档案资源从保管走向利用的关键环节。因此，依法开放档案是档案馆履行法定义务、有效发挥档案价值作用、服务党和国家工作大局、服务人民群众的重要途径。

第一节 档案开放审核工作基本概念

一、相关概念

1.档案开放审核

档案开放审核是新修订的《中华人民共和国档案法》（以下简称"新《档案法》"）首次提出的专业术语，即传统意义上的档案开放鉴定、档案划控鉴定，是指国家档案馆，档案形成、移交或保管单位遵循法定程序，依据确定的划分标准，对档案逐件逐页进行内容和形式审查，从而科学界定向社会开放或延期开放档案范围的过程。这一过程不仅包括对档案的保密性进行评估，还涉及对档案的历史价值、社会影响等多方面的考量。

根据新《档案法》的规定，馆藏档案的开放审核由档案馆会同档案形成单位或者移交单位共同负责，尚未移交进馆档案的开放审核由档案形成单位或者保管单位负责。因此，档案开放审核既包括保存在各级综合国家档案馆内的馆藏档案开放审核，也包括保存在档案形成单位或者保管单位尚未移交进馆档案的开放审核。

档案开放审核工作内容主要有两项：涉密档案的开放审核和非涉密档案的开放审核。涉密档案降解密工作主要依据《中华人民共和国保守国家秘密法》《中华人民共和国保守国家秘密法实施条例》《国家秘密解密暂行办法》。档案开放审核工作主要依据《中华人民共和国档案法》《中华人民共和国档案法实施条例》《国家档案馆档案开放办法》《各级国家档案馆馆藏档案解密和划分控制使用范围的暂行规定》《中华人民共和国政府信息公开条例》和各单位制定的划控鉴定办法等。

档案开放审核一词虽是一个新提法，但所做的工作却并不是一项新任务，档案开放审核从档案开放鉴定或档案划控鉴定承袭而来，这项工作始于20世纪80年代，在40多年的历程中，与诸多概念有着较为复杂的交织，往往使人们难以区分，甚至将其混为一谈。因此，有必要梳理档案与相关事物的关系，弄清它们之间的联系与区别。

2.档案鉴定

鉴定，即鉴别和评定，是指运用专业知识或技能对某一事物进行鉴别和判断的一种专门工作。各行各业均有鉴定工作，如产品鉴定、文物鉴定、事故鉴定、科研成果鉴定、职业技能鉴定等，但各行各业的鉴定含义及内容千差万别。

档案鉴定一般可分为广义和狭义两种。狭义上的档案鉴定，按照国家档案行业标准《档案工作基本术语》（DA/T1—2000）解释，是指判定档案真伪和价值的过程。这一定义把档案鉴定限定为"档案真伪鉴定"和"档案价值鉴定"两方面。因此，档案界通常所说的档案鉴定是对档案价值的鉴定，即对档案价值的评价和预测。档案鉴定工作，就是鉴别和判定档案的价值，挑选有价值的档案妥善保存，剔除失去保存价值的档案并予以销毁，它是通过有所"毁"而更好地有所"存"，其着眼点是合理地保存。广义的档案鉴定则贯穿于档案工作的始终，从文件转化为档案时的归档鉴定，到档案接收进馆的进馆鉴定，档案开放利用鉴定，再到档案保管期限届满后的存毁鉴定，在档案业务工作的各个阶段都涉及对档案的鉴定。加拿大著名档案学者T.库克说过："鉴定是档案事业的中心，是一项没有终点、永无止境的工作，因为档案鉴定不是一个单纯的业务环节而是贯穿整个档案工作之中的，是整个档案工作流程的中心环节"。

档案开放审核属于广义的档案鉴定范畴，但它又是与档案价值鉴定相区分的一种鉴定方式，同时也无法与档案存毁鉴定画等号。

3.档案开放

档案开放，是指国家档案馆按照法定权限将形成时间达到一定年限、无需限制利用的馆藏档案经过法定程序向社会提供利用的活动。新《档案法》规定，县级以上各级档案馆的档案，应当自形成之日起满二十五年向社会开放。经济、教育、科技、文化等类档案，可以少于二十五年向社会开放；涉及国家安全或者重大利益以及其他到期不宜开放的档案，可以多于二十五年向社会开放。国家鼓励和支持其他档案馆向社会开放档案。档案开放应当遵循合法、及时、平等和便于利用的原则，实现档案有序开放、有效利用与档案实体和信息安全相统一。凡已开放的档案，任何个人和组织都有权利用。与档案开放相对应的是控制使用或延期开放，档案的控制使用是指在一定范围内使用。

当下，开放是中国最强音，是国家治理体系与治理能力现代化的必由路径，档案开放是社会进步和文明程度的重要标志，而档案开放审核作为开放档案的前置条件，是国家档案馆业务建设的重要内容，是国家档案馆履行法定职责、科学管理档案、服务社会发展、保障公民权利的重要举措，是构建"走向开放"档案工作新格局的迫切需要。因此，做好档案开放审核工作意义重大。

4.档案公布

档案公布，是指通过各种媒体首次向社会公开档案的全部或部分原文以及档案原件和复制件。国家档案是国家的历史文化财富，而非个人私产，因此，档案公布权是一种公权力，由国家授权的档案馆或者有关机关按照有关规定行使。档案公布的意义在于，只要档案内容公布并进入公共领域，社会就都可以自由利用。

档案的开放与公布关系十分密切。档案开放不等于档案公布，利用者只有利用权而无公布权，无权"首次向社会公开"。利用者在利用档案中，有可能利用已经公布了的档案，此时利用者是否向社会公布已不是问题。但如果利用的是尚未公布的开放档案，利用者未经法定渠道批准，不得以任何形式公布。档案公布权的存废一直是档案学界争论的焦点问题之一。

二、工作特点

档案开放审核工作是一项判定档案开放与否的极为严肃的工作，它具有5个显著特点：政治性、政策性、专业性、动态性、复杂性。

政治性 档案工作担负着"存史、资政、育人"的职责使命，具有鲜明的政治定位、政治特质、政治功能。必须始终坚持"档案工作姓党"，把讲政治的要求落实到档案工作各方面全过程。做好新时代档案开放审核工作，要把政治标准放在首位，准确把握党和国家事业发展对档案开放审核工作提出的新期待新要求，从政治的角度去考量、用政治的效果来检验档案开放审核工作，在制定档案开放审核标准时，首先考虑是否符合党的路线方针政策，是否有利于维护党和国家的利益，是否有利于巩固党的执政基础和执政地位，是否有利于服务人民群众，特别是要正确把握历史发展的主流和本质，确保档案开放审核工作始终沿着正确的政治方向前进。

政策性　档案开放审核工作必须依法依规，在符合国家有关保密、国家安全、信息保护等法律法规规定的前提下开展。法律、法规、规范性文件和国家现行政策是开展档案开放审核工作的依据，例如新《档案法》明确了档案开放审核工作的责任主体："馆藏档案的开放审核，由档案馆会同档案形成单位或者移交单位共同负责"。《中华人民共和国档案法实施条例》明确建立档案开放审核协同机制。《国家档案馆档案开放办法》围绕谁来开放档案、如何开放档案、开放哪些档案、开放档案如何利用等问题进行了规定。《各级国家档案馆馆藏档案解密和划分控制使用范围的暂行规定》明确了应该延期开放的二十种内容。这些法律法规中的相关条款是开展档案开放审核工作的法律遵循。总之，档案开放审核工作要在确保国家秘密、商业秘密、工作秘密、个人隐私以及不宜开放的内容不被公开的前提下开展，既要维护国家、集体、个人的合法利益，又要最大限度地满足人民群众利用档案的需要。

专业性　档案开放审核工作是专业工作，它被公认为档案业务工作中最为复杂的专业活动，档案开放审核所依据的理论基础，档案开放审核工作的指导思想、组织管理、任务和职责、工作原则和要求等体现该项工作具有较强的专业性。专业性有两层含义，一是指鉴别档案是否开放，这本身就是一项专业活动；二是指档案的内容具有各自的专业性，如航空工业技术与水利工业技术的专业档案不一样，各有各的专业内容、使用对象和保存价值，因此，档案开放审核工作具有双重专业要求。档案开放审核工作的专业性要求从事这项工作的人员具有专业知识和分析判断能力。

动态性 档案开放审核工作的动态性指的是开放审核标准的动态性以及由此导致的开放审核结论的动态变化。档案开放审核标准不是一成不变的，它应根据党和国家事业发展的要求、档案管理政策法规的完善调整、人民群众的现实需求以及国际国内形势的变化等情况适时更新、动态调整。标准的更新调整意味审核结论的变化，部分档案或封闭或开放。这种调整是科学的，也是必需的。《国家档案馆档案开放办法》明确规定，国家档案馆应当对延期开放的馆藏档案定期评估，因情势变化不再具有法律、行政法规以及本办法规定的延期向社会开放情形的，在履行相关程序后向社会开放。

复杂性 档案开放审核工作是一个庞大而复杂的系统工程，涉及多方责任主体、多个工作流程、多个管理环节，技术复杂程度和难度都很大，复杂性主要表现在审核主体、审核程序、审核内容和协同机制上。在审核主体上，馆藏档案的开放审核由档案馆会同档案形成单位或者移交单位共同负责，尚未移交进馆档案的开放审核由档案形成单位或者保管单位负责，并在移交时附具意见。在审核程序上，档案开放审核需要经过初审、复审、审议、确认等一系列流程。在审核内容上，档案内容涉及广泛，涵盖政治、经济、文化、社会、生态、民族、宗教、军事、外事等各个领域，面对包罗万象的档案内容，开放审核工作不仅涉及档案价值实现的问题，而且涉及知识产权、信息安全、信息知情权等法律问题。在协同机制上，档案开放审核工作对外涉及多个责任主体，包括档案形成单位、国家档案馆、国家保密机构、档案主管部门等，对内关联多个内设部门（机构）。就国家档案馆而言，涉及接收、利用、信息等多个部门。档案开放审核工作中力量难组织、责任难落实也集中体现在协同机制上。

第二节　档案开放审核工作的重要意义

档案开放审核工作不仅是国家档案馆的一项基础性业务工

作，也是服务社会的一项政治任务，是档案资源从保管走向利用的关键环节。做好档案审核工作意义重大。

一、时代使命

做好档案开放审核工作，是贯彻落实习近平总书记对档案工作重要指示批示精神的必然要求。习近平总书记对档案工作作出系列重要指示批示，将档案工作的地位提到了前所未有的高度，是新时代档案工作的根本遵循。早在2003年，时任浙江省委书记习近平同志就指出，档案工作"要走向依法管理、走向开放、走向现代化"，"走向开放"是"三个走向"中的重要方面，是推动档案工作由封闭走向开放的行动指南。2021年6月，中共中央办公厅、国务院办公厅印发《"十四五"全国档案事业发展规划》，将"着力推动档案工作走向依法治理、走向开放、走向现代化"写入指导思想，并体现在各项具体任务之中，对档案开放力度、共享程度、档案利用方式和档案服务能力提出了更高要求。2021年7月6日，习近平总书记对档案工作作出重要批示，提出了"四个好""两个服务"的目标要求，为做好新时代档案工作指明了方向，档案开放审核工作进入了新的历史阶段。因此，依法开放档案，促进档案利用，是发挥档案部门作用、彰显档案工作价值、服务党和国家工作大局、服务人民群众的重要体现，也是新时代档案事业高质量发展的必由之路。

二、法定职责

做好档案开放审核工作，是国家档案馆和档案形成单位的法定职责。2020年6月20日，新修订的《中华人民共和国档案法》在第十三届全国人大常委会第十九次会议获得通过，自2021年1月1日起施行，这是我国档案法治建设进程中一个新的里程碑，为新时代档案事业高质量发展提供了坚强的法律保障。新《档案法》秉持服务经济社会发展，让人民群众共享档案事业发展成果的价值取向，在扩大档案开放方面迈出了重大步伐，对档案开放审核提出了新要求，具体表现为以下几点：一是将档案开放期限从三十年缩短至二十五年，进一步促进档案开放；二是要求扩大档案开放主体、拓宽档案开放渠道，馆藏档案的开放审核由档案馆会同档案形成单位或者移交单位共同负责；三是明确不按规定开放档案应承担的法律责任。2022年7月4日，国家档案局公布了《国家档案馆档案开放办法》（国家档案局令第19号）。《国家档案馆档案开放办法》进一步加大档案开放力度，围绕谁来开放档案、如何开放档案、开放哪些档案、开放档案如何利用等问题做了规定。同时还规定，国家档案馆向社会开放档案应当按照计划、组织、审核、确认、公布的程序开展，县级以上地方档案主管部门应当协调建立本地区馆藏档案开放审核协同机制，明确由国家档案馆牵头，档案形成单位或者移交单位参与，双方共同负责馆藏档案开放审核。2024年3月1日起施行的《中华人民共和国档案法实施条例》进一步完善档案开放审核机制，要求国家档案馆、档案形成单位或保管单位、档案主管部门各尽其责、密切配合，形成合力。新《档案法》《国家档案馆档案开放办法》《中华人民共和国档案法实施条例》为档案开放审核提供了法律遵循，厘清了职责任务，提出了工作要求。如何不折不扣地贯彻执行新《档案法》《中华人民共和国档案法实施条例》《国家档案馆档案开放办法》等法律法规和规章，更好地依法依规做好档案开放审核工作，是国家档案馆应该积极思考、科学谋划的紧迫任务。

三、需求倒逼

做好档案开放审核工作，是提升档案服务能力的重要保障。服务是档案事业的立业之本，开放档案资源是有力有效服务党和国家工作大局、服务人民群众的重要载体。随着我国社会主要矛盾的转变，人民生活水平的提高，人民群众对档案信息、档案文化的需求日益增长，加大档案开放力度、共享档案信息资源的呼声越来越高，档案开放审核工作面临前所未有的挑战。满足人民群众需求是档案事业发展的出发点和落脚点。国家档案馆必须加快档案开放审核进度，依法依规、应开尽开馆藏档案，满足人民群众期盼，让人民群众从档案事业科学发展中感受到更多的"获得感""满足感"。唯有如此，才能彰显档案工作的价值和档案工作者的作为。

第三节　档案开放审核工作的法治化、标准化发展历程

档案开放审核工作始于20世纪80年代，至今已有40多年的历史。40多年来，国家出台了一系列政策法律法规，规范并指导档案开放审核工作，推进档案开放审核工作走向法治化、标准化。

一、初步发展时期

1980年3月17日，国家档案局印发《关于开放历史档案的几点意见》，此文件经党中央、国务院领导同志批准。文件提出：一九四九年以前的历史档案，即国民党统治溃灭以前的旧政权档案，除了极少数部分必须加以限制外，拟向全国史学界和有关部门开放；一九四九年前的党的革命历史档案，除某些特定部分须限制利用外，拟向搞党史研究的部门开放。此文件第一次明确提出了开放历史档案的方针。

1980年5月19日，中共中央书记处第21次会议决定开放历史档案。

1982年11月20日，中共中央办公厅、国务院办公厅批转了国家档案局《关于开放历史档案问题的报告》，针对各地历史档案开放中存在的一些问题提出了解决办法，该报告进一步明确历史档案开放与控制使用的界限，提出了需要列入控制使用档案的9条原则，明确扩大利用者范围。

1983年4月26日，国家档案局颁发《档案馆工作通则》。该文件第十八条规定：档案馆应积极主动地开展工作，并根据党和国家有关规定开放历史档案。在此背景下，部分地方国家档案馆制定了相应制度。

二、蓬勃发展时期

1986年2月7日，国家档案局发布《档案馆开放档案暂行办法》。其中第四条首次提出：各级各类国家档案馆保管的档案，自形成之日起满三十年（除未解密或需要控制使用的部分外），均应分期分批地向社会开放。该文件首次明确了馆藏档案的开放期限，将应开放档案的档案馆扩大到各级各类国家档案馆，利用者的范围从"单位"扩大到我国公民，可开放档案从历史档案扩大到"自形成之日起满三十年的档案"，为档案的全面开放奠定了基础。

1987年9月5日，《中华人民共和国档案法》经第六届全国人民代表大会常务委员会第二十二次会议通过，一九八七年九月五日中华人民共和国主席令第58号公布，一九八八年一月一日起施行。第十九条规定：国家档案馆保管的档案，一般应当自形成之日起满三十年向社会开放。经济、科学、技术、文化等类档案向社会开放的期限，可以少于三十年，涉及国家安全或者重大利益以及其他到期不宜开放的档案向社会开放的期限，可以多于三十年，以法律的形式确立了"三十年"开放期限。

　　1990年10月24日，国务院发布《中华人民共和国档案法实施办法》。其中第二十条规定：各级各类档案馆保管的档案，应当按照《档案法》的规定，分期分批地向社会开放。档案开放的起始时间是：中华人民共和国成立以前的档案，应当自《档案法》实施之日起向社会开放；中华人民共和国成立以来的档案，一般应当自形成之日起满三十年向社会开放；经济、科学、技术、文化等类档案，可以随时向社会开放。前款所列档案中涉及国防、外交、公安、国家安全等重大利益的，以及其他到期不宜开放的档案，其向社会开放的起始时间可以延长到档案形成之日起满五十年，满五十年开放仍有可能对国家重大利益造成损害的，可以继续延期开放。

　　1991年9月27日，国家档案局、国家保密局联合发布《各级国家档案馆馆藏档案解密和划分控制使用范围的暂行规定》。其中第七条规定：各级国家档案馆保存的中华人民共和国成立以前形成的历史档案，中华人民共和国成立以后形成满三十年的已解密的档案和未定密级的其他档案，凡涉及下列内容的应当控制使用（共二十条）。对形成满三十年的涉密档案，原形成档案的机关、单位，认为仍属国家秘密的，应当自该档案形成届满三十年之日前的六个月，通知同级档案行政管理机关和国家档案馆，逾期未通知延长保密期限的，由各级国家档案馆按本规定第七条办理。

1991年12月26日，国家档案局发布《各级国家档案馆开放档案办法》。该文件共十七条，于1992年7月1日施行，1986年2月颁发的《档案馆开放档案暂行办法》同时废止。

1991年12月26日，国家档案局发布《外国组织和个人利用我国档案试行办法》。

1996年7月5日，第八届全国人民代表大会常务委员会第二十次会议通过关于《修改中华人民共和国档案法》的决定。第十九条第二款修改为："档案馆应当定期公布开放档案的目录，并为档案的利用创造条件，简化手续，提供方便。"

三、全面发展时期

2007年4月5日，《中华人民共和国政府信息公开条例》公布，2019年修订，2019年5月15日起施行。政府信息公开的实质性内容，主要是在政府机构的各项业务和行政管理活动中形成的、具有特定效用的各种文件。政府信息公开所遵循的"公开是原则，不公开是例外"对促进档案的进一步开放具有重要意义。

2018年，国家档案局令第13号公布的《机关档案管理规定》要求："机关向国家综合档案馆移交前，应当按照相关规定做好移交档案的密级变更或解除工作，并提出划控与开放意见。"该规定首次将开放审核的主体责任进行了明确的划分。

2020年6月20日，第十三届全国人大常委会第十九次会议审议通过了新修订的《中华人民共和国档案法》，以第47号主席令形式予以公布，自2021年1月1日起正式施行。其中第二十七条规定："县级以上各档案馆的档案，应当自形成之日起满二十五年向社会开放。经济、教育、科技、文化等类档案，可以少于二十五年向社会开放。涉及到国家安全或重大利益以及其他不宜开放的档案，可以多于二十五年向社会开放。"与原档案控制年限相比由30年缩短为25年。第三十条规定："馆藏档案的开放审核，由档案馆会同档案形成单位或者移交单位共同负责。尚未移交进馆档案的开放审核，由档案形成单位或者保管单位负责，并在移交时附具意见。"明确拟进馆和已进馆档案的开放审核责任。

2022年7月1日，国家档案局令第19号公布《国家档案馆档案开放办法》，自2022年8月1日起施行。该文件明确了谁来开放档案、如何开放档案、开放哪些档案、开放档案如何利用，也厘清了档案开放的目标、原则、程序，《各级国家档案馆开放档案办法》废止。

2024年1月12日，李强总理签署第772号国务院令公布《中华人民共和国档案法实施条例》，自2024年3月1日起施行。其中第三十条规定："国家档案馆应当建立馆藏档案开放审核协同机制，会同档案形成单位或者移交单位进行档案开放审核。"明确国家档案馆建立档案开放审核机制的责任。

第四节　档案开放审核工作的现状

　　档案开放审核是国家档案馆的重要基础性业务工作，也是难点工作。我国档案开放审核工作虽然起始于20世纪80年代，但是受传统的"重保密、轻开放"等思想的影响，这项工作推进缓慢，历史欠账较多，已远不能满足现阶段人民群众对档案利用日益增长的需求。这一形势清晰地反映在这项工作的研究现状和工作现状中。

一、档案开放审核理论研究现状

　　以"档案开放""档案开放鉴定"和"档案开放审核"为检索词，在中国知网、万方、维普三个数据库，对近5年来特别是新《档案法》实施后档案开放审核相关文献进行检索，调查档案开放审核理论研究情况。

文献主要从政策法规、制度标准、工作机制、审核流程、人才储备等角度对档案开放审核工作进行研究。

关于政策法规研究 目前，档案开放审核工作的政策法规依据主要是新《档案法》和《国家档案馆档案开放办法》《各级国家档案馆馆藏档案解密和划分控制使用范围的暂行规定》等。对这些政策法规，丁海斌、康胜利、颜晗建议修订档案法实施办法时添加相应的免责条款。锅艳玲、方晓丽提出制定审核责任与惩罚机制，完善档案开放审核的法律规范，增强与相关法律条款的衔接。路璐、任越从主体、客体和目标三个维度分析了新《档案法》对档案开放审核的新导向，指出应细化档案开放审核主体职责，建立权责明晰、问责完备的档案开放制度。曾毅、常晓玥提出可参照"司法解释"的相关做法，由权威部门公布具有操作性的参考指引，就如何理解和执行某些法规作出解释，消除分歧。黄新荣、杨艺璇认为在完善法律法规过程中要处理好三对关系，即档案开放与《中华人民共和国政府信息公开条例》有关法规之间的关系、开放档案中的个人隐私保护与知识产权保护问题、档案解密与档案开放的关系。谭洪杰提出要进一步修订完善相关制度，如明确国家档案馆与档案形成单位或者移交单位的分工及职责，制定档案开放、解密和划分控制使用的具体细则，制定档案进馆前的指导与进馆后的再审查制度。

关于工作机制研究 在审核机制方面，张超认为可建立档案移交单位初审、鉴定委员会委员复审、鉴定委员会审定的工作机制，明确立卷归档、移交进馆、到期开放三个不同时期的审核任务，建立以档案馆为主，档案移交单位及相关领域专家等多方参与的工作模式，前移鉴定关口，分解鉴定任务，发挥档案形成单位在开放鉴定中的作用。冯慧慧提出将新形成的档案开放鉴定超前纳入文件密级审查范围，建立文档密级一体化审查机制，从前端对新进馆档案进行开放审核。路璐、任越则认为可建立档案业务环节的协同联动机制，厘清不同业务环节与档案开放鉴定之间的互动关系，做好有序衔接。曾毅、常晓玥提出构建档案开放鉴定协作共享机制，上级档案馆为下级档案馆提供开放目录，同级档案馆之间共享开放目录，提高开放档案利用效率。曾毅提出档案开放审核协同机制包含用户运行机制、合作运行机制、行政管理机制和技术支持机制。

关于审核流程研究 在档案开放审核流程上，王改娇、曹亚红主张实行档案层级鉴定，从三个层级展开，第一层级是部分文件的开放鉴定与归档文件鉴定同步；第二层级是开放审核与移交同步，将开放审核的结果在移交目录上标识；第三层级是国家档案馆开展封闭期满档案的鉴定审核。杨茜茜提出制订包括确定档案开放鉴定标准、档案特征分析、确定档案开放内容、档案信息处理、档案开放服务、档案开放诉求响应六个环节的开放审核流程。赵品认为可构建"文件形成人员－文件形成业务部门－开放鉴定工作委员会－行业专家"四级工作体系，具体实施开放鉴定工作。

关于辅助技术研究　在利用现代科技辅助档案开放审核方面的研究较少。张超提出档案馆可根据档案形成的历史背景，对涉密、涉政、涉案、涉军、涉外、涉宗教、涉民族、涉边界、涉人事、涉诉讼、涉处分等的档案内容进行主题分析，提炼敏感词，积累生成敏感词库。同时，开发应用计算机辅助鉴定系统，实现开放审核智能化。杨扬、孙广辉、韩先吉根据山东省潍坊市档案馆的实践，分析了敏感词全文比对技术在档案开放审核工作的应用。李鹏达、陈穹燕认为可通过数据挖掘技术对档案内容、元数据等进行全方位分析，发掘其与档案控制或开放的关联，提高审核效率。

关于人才储备研究　在档案开放审核专业人才上，冯慧慧认为要做好继续教育培训，提升综合素养；同时，在职称评聘、评优过程中，适当向档案开放审核工作人员倾斜。曾毅、常晓玥认为要依托院校或开放审核工作做得好的地区，对审核人员进行业务培训，建立开放审核考核监督和免责机制，实事求是地区分责任。杨煜、刘娟、邓雅诺主张由多个档案馆共同组建档案开放审核工作人才库，既能有效缓解人才短缺，也能促进经验交流；国家档案馆可与高校合作，聘请高校档案专业教师参与到档案的开放审核之中，为档案开放审核提供专业支持。谭洪杰认为应鼓励支持档案开放审核工作人员参与专业技术职称评定，造就一支作风扎实、技术过硬的专业人才队伍。

从上述可以看出，档案开放审核的理论研究存在一些缺口和不足，主要表现在：一是研究成果不多，特别是新《档案法》实施后，档案开放审核的学术成果比较少，理论研究缺口大。二是研究视角单一，碎片化特征明显，缺少对档案开放审核的全局性把握。研究者的视角大多聚焦于档案开放审核工作的某个具体细节上，缺少高屋建瓴的观察，且研究趋同，多数建议雷同。鲜有学者从整体上全面研究档案审核工作的各个方面。三是现代科学技术运用研究不足，仅有极少量文章讨论建立敏感词库，开发应用计算机辅助鉴定系统，辅助档案开放审核工作。

二、档案开放审核的实践工作现状

近年来，特别是新《档案法》实施以来，越来越多国家档案馆将档案开放审核工作提上工作日程，采取切实有力措施，稳步推进馆藏档案开放审核工作并取得成效。据国家档案局公布的《2023年度全国档案主管部门和档案馆基本情况摘要（三）》，截至2023年底，全国各级综合档案馆开放22128.7卷、件档案。其中，新中国成立前档案5105.8卷、件，新中国成立后档案17023.0卷、件。

北京市档案馆　建立了"三结合三阶段"的档案开放审核工作模式，"三结合"即档案馆、档案移交单位和相关领域专家等三方参与，"三阶段"将档案开放审核工作分为立卷归档、移交进馆、到期开放3个阶段，明确不同阶段的开放鉴定任务，实现了由档案馆独自鉴定向多方参与鉴定转变，由一年一次集中开放向集中开放为主、临时开放为辅转变，由单纯的档案开放审核向与标密档案降解密同步推进转变。为更好地指导各区县档案馆档案开放审核工作，北京市档案馆印发《北京市区县档案馆馆藏档案开放工作管理办法》，创新指导模式，推行各区县档案馆开放审核实施细则的备案审查制度，对档案开放审核的组织机构进行监督，对审核标准和程序指导把关。

　　上海市档案馆　档案鉴定工作起步早，1994年成立档案鉴定委员会，属于全国首创，多年来不断总结提升，逐步建立并健全档案开放审核工作机制，设立专门处（室）负责档案开放鉴定工作，并形成了"专职人员－责任部门－鉴定委员会"这一三级鉴定、审查与复核机制，档案开放审核工作比较成熟、富有成效。

　　天津市档案馆　先后制定了《天津市档案馆历史档案开放控制使用范围》《天津市档案馆现行档案开放控制使用范围》，为档案开放审核工作提供制度保障。在审核工作中，遵循先急后缓、围绕中心等原则，优先开放审核利用率高的档案，配合有关部门适时开展档案开放审核。审核工作流程如下：保管利用处组织协调—专职鉴定人员初审—分管领导二次审核—主管领导复核—鉴定委员会审查—馆办公会最终审批。由此形成了多环节档案开放审核机制。

　　重庆市档案馆　重庆市委宣传部、党史研究室，重庆市保密局、机要局、档案局联合成立档案开放鉴定工作委员会，加强对档案开放审核工作的组织领导，委员会主任由市档案馆馆长担任，副主任由分管档案开放审核业务的副馆长担任，委员会共15人，7人来自市档案馆，8人来自其他单位。开放鉴定工作委员会的主要职责是贯彻执行国家有关档案开放审核工作的政策、法规和规章，审查开放档案和延期开放档案审核意见，调研和处理档案鉴定工作疑难问题。

广西壮族自治区档案馆 组建档案开放鉴定标准研究组，专门负责广西档案开放鉴定工作。2014年6月，《广西各级国家档案馆档案开放鉴定标准研究》获得国家档案局科技项目立项，项目研究紧跟各级国家档案馆档案开放鉴定工作实际，梳理现存问题并逐个解决，为档案开放鉴定工作奠定了理论基础。

青岛市档案馆 档案开放审核工作起步早，2003年开始探索文件级开放鉴定，制定《青岛市档案馆建国前档案开放鉴定办法》《青岛市档案馆建国后档案开放鉴定办法》《青岛市档案馆照片档案开放鉴定办法》《青岛市档案馆音像档案开放鉴定办法》《青岛市档案馆资料开放鉴定办法》，对馆藏民国档案、中华人民共和国成立后档案、照片档案、音像档案、图书资料采用"四分法"进行开放鉴定（分4个鉴定等级）。2015年，青岛市档案馆从实现存量和增量鉴定有机衔接出发，探索实施"五分法"鉴定（分5个鉴定等级），并以青岛市委全宗为对象进行试点。青岛市档案馆还组织力量编制敏感词库，开发计算机软件，通过敏感词对档案目录进行扫描鉴定。

杭州市档案馆 档案开放审核经历了"两分法"向"四分法"的跃进，从开放和限制两级发展为严格限制级、限制级、政务网开放级、互联网开放级四级，开放档案目录和数字化全文按级别分别在杭州市档案馆局域网和内部专用网上发布利用。近年来，杭州市档案馆尝试将鉴定工作关口前移，即机关档案室负责对新形成档案的开放鉴定，杭州市档案局加强监督，将档案开放审核工作列为机关档案年度检查的内容。杭州市档案馆还建立了新进馆档案再审机制，重点审查控制使用档案是否符合相关规定。

尚未移交进馆档案开放审核工作由档案形成单位或保管单位负责，各机关档案开放审核工作刚刚起步。因此，此处不做赘述，相关内容在其他章节详述。

在看到成绩的同时，我们也注意到，各地国家档案馆虽不同程度地推进档案开放审核工作，取得了一些成效，但还存在一些问题，主要表现在：

1.历史欠账较多，审核任务繁重

新《档案法》将档案开放期限从30年缩短至25年，加之审核方式由"卷"到"件"的转变，使得馆藏待开放审核的档案数量呈几何级数增长，国家档案馆都存在欠账多、任务重等问题，到期应审未审的馆藏档案积压较多。各档案形成单位或保管单位因为新《档案法》及其实施条例、《国家档案馆档案开放办法》颁布时间不长，对本单位未进馆档案的开放审核工作尚未启动。

2.顶层设计缺失，标准规范滞后

审核标准是档案开放审核工作提质增效的核心，目前，关于审核标准，从国家层面看，《国家档案馆档案开放办法》规定了延期开放的四种情形，涉及国家秘密、国家和社会重大利益、知识产权、个人信息等。1991年国家档案局、国家保密局发布了《各级国家档案馆馆藏档案解密和划分控制使用范围的暂行规定》，明确了20种应当延期开放的内容，但这些都是原则性规定，不易把握，审核人员极易因综合素质和业务能力的差异形成不同的审核结果。国家档案馆须根据本地具体实际，依据全国统一的原则性、方向性标准，制定具体的档案开放审核细则，据调研，尚有很多国家档案馆未出台档案开放审核具体标准。

3.机制尚不健全，协调沟通困难

档案开放审核工作是一项涉及面广、专业性强、工作量大的专项工作，非国家档案馆一家之力、非鉴定科室一个部门所能完成的，对外涉及多个责任主体，包括档案形成单位、国家保密机构、档案主管部门等，对内关联多个科室，如接收、利用、信息等科室。依据新《档案法》及其实施条例和《国家档案馆档案开放办法》《机关档案管理规定》等法律规定，档案开放审核工作应是国家档案馆和档案形成单位共同的法定义务，同时，以法规形式明确了国家档案馆应当建立馆藏档案开放审核工作协同机制。由于相关各方对法律规定、政策把握、职责界定、规范制约等认识和把握不到位，各地尚未完全形成由档案主管部门、保密主管部门、国家档案馆、档案形成单位等组成的档案开放审核工作协同机制，影响和制约了档案开放审核工作协同发展的进程。

4.审核人员短缺，业务水平不高

新《档案法》规定："馆藏档案的开放审核，由档案馆会同档案形成单位或者移交单位共同负责。尚未移交进馆档案的开放审核，由档案形成单位或者保管单位负责，并在移交时附具意见。"实际上，受机构设置、人员编制等因素影响，国家档案馆大多没有设置专门从事档案开放审核业务的部门，而是将档案开放审核职责归于某个业务部门，或是归于保管利用部门，或是归于收集整理部门等，也没有设置专职人员和岗位从事开放审核工作，档案开放审核工作难以常态化。对于为档案形成单位或者移交单位，其参与开放审核工作事实上是近于"从零开始"的，其难度显而易见。一份档案能否公开，需要多维度考量，涉及国家安全、商业机密、个人隐私、相关联的负面影响等，需要鉴定人员具备多方面素养，如档案政策法规、相关业务、保密、政务信息公开、知识产权等相关方面的知识或经验。同时，档案形成的时代背景、相关事件的披露对当今政治经济、国际关系的影响等，都对档案开放审核人员的能力素质是一种考验和挑战。无论国家档案馆，还是档案形成单位或者移交单位都普遍缺乏档案审核专业人才。

5.审核方式落后，审核效率低下

面对海量的档案开放审核任务，国家档案馆仅凭现有的人力配置，传统的人工审核方式，完成难度很大，难以满足人民群众档案利用的需求。传统审核方式亟需改变，必须拓展工作思路，加快推进档案开放审核工作数字化、智能化，提升审核的稳定性、精准度和时效性。

档案开放审核是档案工作的重点，也是难点。如何破解这一实践难题，提出一套具有一定理论性、指导性、实践性和可操作性的整体策略和综合方案，推动新形势下档案开放审核工作转型升级、提质增效是国家档案馆亟待解决的问题。

CHAPTER 2

档案开放审核
工作机制

工作机制可以简单理解为工作程序和规则的关联系统和运行状态。确立科学有序的工作机制有利于档案开放审核工作步入正轨，各环节和要素高效运转，良性循环，从而提高档案开放审核工作规范化、标准化、科学化水平。本章从国家档案馆和档案形成单位或者移交单位两类不同主体的角度，侧重讨论开放审核工作有关流程机制，并提出建立相应的协同机制和免责容错机制。

第一节　国家档案馆开放审核工作机制

档案开放审核工作对于国家档案馆而言是一项基础性、长期性、常态化的业务工作，相关工作机制的确立是依法有序推进档案开放审核工作的基础和前提。国家档案馆应加强对档案开放审核工作的统一领导和组织协调。由馆务会对档案开放审核工作进行集体决策，审定开放审核规划计划、方案和结果；成立档案开放审核工作委员会（或专家委员会），负责对档案开放审核情况进行审查评估，发挥专家把关作用；设立或明确负责档案开放审核工作的职能部门，如档案开放审核处（科），并配置专业人员，具体负责档案开放审核工作的组织实施。

为推动档案开放审核工作科学有序开展，根据档案开放需求常规性、多样性、突发性等情况，国家档案馆应建立开放审核常规工作机制和非常规工作机制，逐步建立协同机制和容错免责机制。

一、常规流程机制

大部分馆藏档案全宗涉及的档案形成单位或者移交单位仍然存在，国家档案馆可建立初审、复审、审议和确认等各环节贯通，全过程协调的常规审核工作机制，这可作为馆藏档案开放审核工作的基本路径和常态流程。

1.初审机制
馆藏档案的初审可由国家档案馆承担，也可由档案形成单位或移交单位负责，各地可根据实际情况确定。本书参考各地的主要做法，以国家档案馆为承担主体来研究初审机制。

初审环节的主要任务：国家档案馆根据档案开放审核计划，对已到或将到法定开放年限的馆藏档案，遵照档案开放审核标准，逐卷、逐件、逐页进行审阅，提出是否开放的初步审核意见。

初审环节的工作内容：根据档案开放审核标准，采用人工或计算机辅助方式，逐卷、逐件、逐页审阅档案，清理涉密文件，查找敏感信息，在档案开放审核目录中进行分类标注，提出开放或延期开放的初步审核意见，初步形成拟开放档案、延期开放档案及涉密档案目录。

初审环节的工作特点：初审是馆藏档案开放审核工作的第一步，是开放审核工作的基础性环节，需要对档案进行逐卷、逐件、逐页，甚至逐行、逐字的全文审阅，具有基础性、直接性、复杂性等特点，需要耗费大量的人力、物力、财力，对审核工作人员的专业水平要求较高。

初审环节的工作流程：一是国家档案馆制订馆藏档案开放审核工作计划；二是国家档案馆开放审核职能部门根据工作计划，确定拟审档案全宗，会商档案形成单位或者移交单位，共同确定初审工作模式，制定审核工作具体实施方案并报馆务会；三是将经馆务会审议同意的工作计划报档案主管部门批准；四是明确责任人员，组织人员培训；五是强化过程管理，建立开放审核工作台账；六是做好敏感信息标注，逐件提出开放或延期开放的初审意见，分别形成拟开放档案、拟延期开放档案及涉密档案目录。

从外部引入具有相关涉密资质的档案服务机构开展涉敏信息标注等辅助性工作的国家档案馆，在初审阶段还应采取以下措施：一是对工作人员进行档案、保密等方面的法律知识培训，督促签订保密承诺书；二是按照审核工作要求，对工作人员进行专业知识培训，特别是审核工作原则、延期开放标准、审核流程、文史知识等方面的业务培训，必要时可安排上岗考试，测试合格方能上岗；三是指导服务机构工作人员对档案逐卷、逐件、逐页进行审阅，并按国家档案馆提供的敏感信息分类方案将敏感信息分类标注；四是国家档案馆开放审核职能部门进行项目检查，包括定期或不定期的抽检、督查、安检，做好检查记录，发现问题并及时形成问题确认单，必要时发出整改通知书，定期召开通报会或推进会，对项目实施中出现的问题，及时研究解决，并形成纪要；五是国家档案馆开放审核职能部门根据涉敏信息标注，确定初审意见。

2.复审机制

复审环节的主要任务：在初审意见基础上，档案馆与档案形成单位或者移交单位会商，形成复审意见。

复审环节的工作内容：国家档案馆将馆藏档案的初审意见提供给档案形成单位或者移交单位，后者组织复审，并反馈复审意见，由国家档案馆开放审核职能部门复核，双方通过反复会商，形成一致的复审意见。

复审环节的工作特点：国家档案馆与档案形成单位或者移交单位会商沟通、共同研究、达成一致是复审环节的基本要求和主要特点。馆藏非涉密档案开放审核由国家档案馆会同档案形成单位或者移交单位共同负责，国家档案馆作为牵头者，应主动联系档案形成单位或者移交单位，介绍相关法律法规，从档案行业角度提供普适性的开放审核业务指导，档案形成单位或者移交单位侧重从行业和专业角度对开放审核初审意见进行复审。馆藏涉密档案解密审核的责任主体是原定密单位，被撤销或者合并的，由承担其职能的单位负责，也可以由其上级单位或者保密行政管理部门指定的单位负责。

复审环节的工作流程：国家档案馆提供初审意见，档案形成单位或者移交单位组织复审、形成复审意见，并反馈给国家档案馆开放审核职能部门；国家档案馆开放审核职能部门进行复核，如有异议，再次会商，最终形成一致的复审意见。

3.审议机制

审议环节的主要任务：审议经国家档案馆开放审核职能部门会同档案形成单位或者移交单位形成的复审意见，以供后续确认。

审议环节的工作内容：由档案开放审核工作委员会审议复审意见及档案开放审核工作报告，形成审议意见。

审议环节的工作特点：从专家委员会的角度，对开放审核结果进行政治和业务把关。档案开放审核工作委员会应吸纳多方专业人士参加，如档案形成单位或者移交单位审核工作负责人、档案主管部门和保密部门的有关人员、国家档案馆相关领导和业务骨干等，以利依法依规、提质增效地推进工作，并使开放审核结果更具权威性。

审议环节的工作流程：档案开放审核工作委员会审议复审意见及档案开放审核工作报告，提出审议意见；如审议过程中专家对复审意见有异议，相关档案应返回国家档案馆开放审核职能部门再行复查研究，必要时重新与档案形成单位或者移交单位进行会审，之后再报档案开放审核工作委员会审议。

4.确认机制

确认环节的主要任务：国家档案馆与档案形成单位或者移交单位对开放审核结果进行确认，同级档案主管部门对延期向社会开放的档案目录进行审核。

确认环节的工作内容：国家档案馆和档案形成单位或者移交单位分别通过馆务会等集体决策方式，对开放审核结果进行审查确认。其中，延期向社会开放的档案目录报同级档案主管部门审核。

确认环节的工作特点：确认阶段的特点是对开放审核结果进行程序性的最终确认。根据《国家档案馆档案开放办法》，档案开放审核结果应当由国家档案馆和档案形成单位或者移交单位协商一致确定。其中延期向社会开放的档案，应当由国家档案馆将档案目录报同级档案主管部门审核，即馆藏档案是否开放，由国家档案馆和档案形成单位或者移交单位共同商定，是否延期开放则应经档案主管部门审核批准。

确认环节的工作流程：国家档案馆馆务会对档案开放审核结果进行确认；档案形成单位或者移交单位对档案开放审核结果进行确认（如馆务会通过的开放审核结果与之前档案形成或移交单位正式反馈的意见完全一致，此环节也可省略）；国家档案馆将延期开放档案目录报同级档案主管部门审核批准。之后，国家档案馆向社会发布档案开放消息，并以适当方式公布开放档案目录。

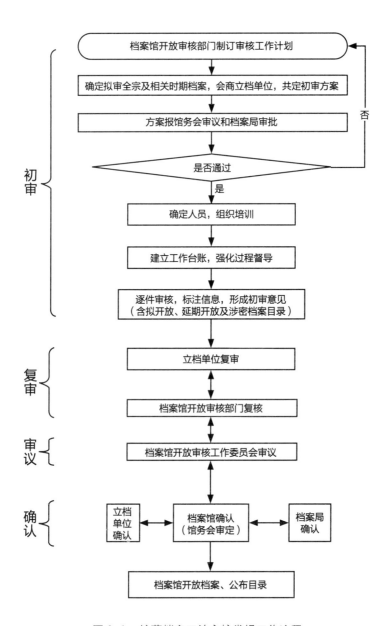

图 2-1 馆藏档案开放审核常规工作流程

注：图中立档单位即档案形成单位或者移交单位，档案局即同级档案主管部门。

二、非常规流程机制

1.无法联系档案形成单位或者移交单位的馆藏档案开放审核机制

部分馆藏档案，特别是新中国成立前的多数档案，因历史变迁等多方面原因，形成单位或者移交单位多已不存在，这类馆藏档案的开放审核工作由国家档案馆负责，审核流程可简化为：国家档案馆初审—开放审核工作委员会审议—确认（馆务会审定和同级档案主管部门确认延期开放档案）。

2.未审核档案的应急审核机制

未审核档案的应急审核，是指由于重大活动或突发事件等原因，急需对尚未审核的馆藏档案进行利用而紧急启动的非常规开放审核。其流程一般为：国家档案馆利用部门接到档案利用需求，由利用部门提出档案开放审核要求，经馆领导批准，由开放审核职能部门进行开放审核，并尽快征求档案形成单位或者移交单位意见，审核结论性意见经馆领导批准并反馈给利用部门后开展档案利用。此类情况属于应急状态下的档案开放审核，因此，一般采取简化流程的方式进行，但务必确保相关档案的利用合法合规。需要说明的是：新《档案法》及其实施条例和《国家档案馆档案开放办法》提及的"开放"和"利用"皆指社会性的开放和利用，其与党政系统以及国家档案馆内部的工作查阅利用是有区别的，后一个"利用"通常只需有关领导审批同意或相关单位证明，而无需档案馆和档案形成或移交单位进行开放审核。

3.延期开放档案的评估机制

《国家档案馆档案开放办法》第十七条规定："国家档案馆应当对延期开放的馆藏档案定期评估，因情势变化不再具有法律、行政法规以及本办法规定的延期向社会开放情形的，在履行相关程序后向社会开放。"延期开放档案的评估其实是对馆藏档案再次进行开放审核，审核程序应与常规程序大致相同。国家档案馆应建立延期开放档案的评估机制，比如规定距上一次审核5年或10年后，对延期开放审核档案进行评估，或在国家档案开放政策有明显变化时及时评估。

三、协同机制

馆藏档案的开放审核工作政策性强、涉及面广、工作难度大，涉及多个责任主体，应积极建立协同机制，推动形成档案开放审核工作顺利开展。馆藏档案开放审核工作协同机制可分为内外两种。

1.内部协同机制

内部协同机制，是指国家档案馆开放审核职能部门同信息、保管、接收、利用等部门，就馆藏档案开放审核工作形成的国家档案馆内部的沟通协调机制。

开放审核职能部门与档案保管部门：馆藏档案开放审核如以档案实体进行，涉及档案调还卷、出库回库的数量清点和交接登记、消毒杀虫等工作，开放审核职能部门与档案保管部门之间应建立协同机制。

开放审核职能部门与信息部门：馆藏档案开放审核如在数字化成果基础上进行，涉及数据导出和审核成果数据的移交，要求开放审核职能部门和信息化部门之间建立协同机制。

开放审核职能部门与接收部门：立档单位档案移交进馆，需要国家档案馆开放审核职能部门提供业务指导和接收部门进行接收质量把关，二者之间建立协同机制，才能做到增量档案与馆藏档案开放标准一致，口径相同。

开放审核职能部门与利用部门：利用部门直接接触利用者，应及时反馈利用需求，推进开放审核工作计划和任务的落实，及时回应档案查阅需要。在提供利用过程中，如发现档案不宜开放，须及时反馈给开放审核职能部门，对审核意见进行复查确认。

2.外部协同机制

国家档案馆应与档案形成单位或者移交单位建立外部协同机制，对进馆档案的开放审核进行指导把关，就馆藏档案的开放审核进行联合会审，还可邀请档案形成单位或者移交单位相关人员加入国家档案馆开放审核工作委员会。

国家档案馆应与社会性档案服务机构基于项目合同建立协同机制。有的国家档案馆在组织开展馆藏档案开放审核工作时，会从外部引入档案服务机构承担辅助性工作，如敏感信息摘录和分类标注等。国家档案馆和档案服务机构之间应按照《档案服务外包管理规范》及有关规定，在合同框架的基础上，建立相关工作协同机制。

四、容错免责机制

目前，国家顶层设计层面尚缺少涉及档案开放审核工作的容错免责机制，由于延期开放标准模糊、口径难以统一、自由裁量度较难把握，从事开放审核工作的单位和个人基于"应开未开"和"所开不宜"后果迥异取其轻的底线思维和自我保护意识，往往采取从严进行开放审核，甚至"下大包围"以圈控的方式应对开放审核任务，这也是当前国家档案馆馆藏档案实际开放率较低的重要原因。

建议国家在制订出台档案开放审核工作细则时，考虑容错免责制度设计，以利档案开放审核人员解放思想，减少顾虑，做到应开尽开。开放审核结果出现偏差或问题，但过程严格遵循规定程序，依法依规，且不存在审核人员失职，就不追究审核人员个人责任。

第二节　档案形成单位或者移交单位
开放审核工作机制

档案形成单位或者移交单位的开放审核工作，包括拟进馆档案和已进馆档案。从是否涉密角度可划分为涉密档案和非涉密档案。新《档案法》规定："尚未移交进馆档案的开放审核，由档案形成单位或者保管单位负责，并在移交时附具意见。"《国家秘密解密暂行办法》规定："机关、单位应当建立健全与档案管理、信息公开相结合的解密审核工作机制，明确定密责任人职责和工作要求，做到对所确定的国家秘密保密期限届满前必审核、信息公开前必审核、移交各级国家档案馆前必审核。"《机关档案管理规定》规定："机关向国家综合档案馆移交前，应当按照相关规定做好移交档案的密级变更或解除工作，并提出划控与开放意见。"上述法律法规已明确拟进馆档案开放审核（包括解密审核）的法定责任主体为档案形成单位或者保管单位，其开放审核工作应当在移交国家档案馆前完成。拟进馆档案由档案形成单位或者移交单位独立进行初审，馆藏档案由其在国家档案馆反馈的初审意见基础上进行复审（目前的主流模式），这两种档案的开放审核在立档单位内部的工作流程是基本相同的。

涉密档案开放审核（解密审核）的实际操作情况较为复杂，且相关工作的主管部门为保密部门，不论是拟进馆还是已进馆涉密档案的开放审核工作，档案形成单位或者移交单位都应主动请示保密主管部门，按其要求并根据《国家秘密解密暂行办法》的相关规定组织开展解密审核工作。鉴于此，以下只讨论非涉密档案开放审核的工作机制。

档案形成单位或者移交单位应探索建立科学适用的开放审核

工作机制，主要可采取以下举措：一是通过纳入单位议事日程，有计划、分步骤推进存量档案和增量档案的开放审核工作，配合国家档案馆做好已进馆档案的开放审核工作，使档案开放审核工作规范化、常态化；二是强化组织领导，确定牵头负责领导，建立由文件形成人或文件形成部门、开放审核工作职能部门（如办公室或档案室等）、开放审核工作委员会或领导小组、单位决策机构组成的开放审核工作体系，有序组织实施开放审核工作；三是建章立制，制定档案开放审核工作制度，结合业务工作特点细化开放审核工作标准，确保开放审核工作流程规范化；四是完善流程，按照文件形成人或形成部门初审、开放审核工作职能部门复审、开放审核工作委员会或领导小组审议、单位决策机构终审确认的模式，组织实施。

一、初审机制

目前，档案形成单位或者移交单位在档案开放审核的初审环节大致有档案员初审、本单位相关业务部门初审、单位组织专门人员（如熟悉档案形成历史且有审核能力的本单位离退休人员或外聘人员）初审、外包初审、机构改革后职能承接单位初审等情形。综合考虑审核效果、可行性和便捷性，初审机制应以文件形成人（或文件形成部门）为主体建立。

1.坚持"谁形成，谁审核"

由档案形成部门出具开放审核初审意见，即通过逐卷、逐件、逐页的仔细审核研判，由文件形成人员（或文件形成部门）提出档案开放或延期开放的初步意见，并对档案开放审核目录进行标注。对于初审工作前置的档案形成单位或者移交单位，文件制发人员应在文件归档时就提出开放审核初审意见；对于无法找到文件制发人员的档案，可由文件形成部门结合职能职责提出初审意见；因机构改革或其他原因，档案形成部门职能职责已划归其他单位的，可会商承接原职能职责的单位提出档案开放初审意见。

2.坚持"多论证，严把关"

在文件制发人员无法联系或其无法确定初审意见时，由文件形成部门组织讨论，确定开放初审意见。文件形成部门对初审意见存在争议的，应提交本单位档案开放审核工作委员会或领导小组审议，必要时可向国家档案馆开放审核职能部门咨询。

二、复审机制

档案形成单位或者移交单位档案开放审核牵头部门（如办公室或档案室）应对初审意见进行复审，包括复核、汇总，并形成拟开放、拟延期开放、涉密档案文件级目录及开放审核意见报告，相关报告应提交给本单位档案开放审核工作委员会或领导小组。开放审核工作委员会或领导小组一般由单位负责人、各业务部门负责人、工作经验丰富和对本单位情况熟悉的业务人员组成。

三、审议机制

档案开放审核工作委员会或领导小组对开放审核意见及有关材料进行审议，之后提交本单位领导决策会议集体研究决定。

四、确认机制

档案形成单位或者移交单位通过召开会议（如单位办公会）等集体决策方式，对开放审核结果进行确认，并经单位负责人签发后，函告国家档案馆。

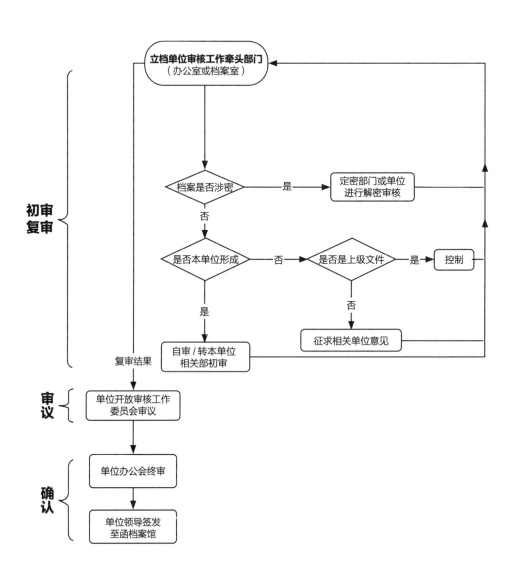

图 2-2　档案形成单位或者移交单位开放审核工作流程

注：图中立档单位即档案形成单位或者移交单位。

参考案例：进馆档案开放审核工作指引

为进一步规范进馆档案开放审核工作，提升进馆档案开放审核质量，根据《中华人民共和国档案法》《国家档案馆档案开放办法》等法律法规和有关规定，结合工作实际，制定本工作指引。

一、主要依据

进馆档案开放审核工作主要依据有《中华人民共和国档案法》及其实施条例，《中华人民共和国保守国家秘密法》及其实施条例，《个人信息保护法》《机关档案管理规定》《国家档案馆档案开放办法》《国家秘密解密暂行办法》《各级国家档案馆馆藏档案解密和划分控制使用范围的暂行规定》等法律法规和有关规定。

二、责任主体

按照《中华人民共和国档案法》《机关档案管理规定》的相关规定，进馆档案开放审核责任由档案形成或保管单位负责，并在移交时附具意见。

三、流程与要求

1. 建立审核工作机制

一是将进馆档案开放审核工作纳入单位议事日程，有计划、分步骤推进进馆档案的开放审核工作。二是强化组织领导，建立由档案形成部门、档案工作领导小组、单位议事决策会议组成的开放审核工作体系，有序组织实施开放审核工作。三是建章立制，制定本单位进馆档案开放审核工作制度、档案开放审核标准，规范档案开放审核工作。四是完善流程，明确档案形成部门初审、档案工作领导小组复审、单位议事决策会议终审确认的模式。有条件的单位可建立文件形成时同步出具开放审核意见的制度，为档案进馆的开放审核奠定基础。

2. 制定档案开放审核标准

各单位要按照相关法律法规和有关规定要求，参照《各级国家档案馆馆藏档案解密和划分控制使用范围的暂行规定》第七条，结合行业规定等制定档案开放审核标准，确定档案的延期开放范围，保证开放审核结论的准确性。

限制利用范围可从敏感"事项""人物""数据""来源""文种"等方面进行明确。敏感事项指涉及特殊工作领域、不宜开放的重大敏感事项中的档案；敏感人物指涉及人物的敏感语言和个人敏感信息的档案；敏感数据指涉及敏感事件、国家资源、行业统计、会计工作等形成的不宜公开的统计数据；敏感来源是指相关档案非本单位形成或归属和管理权限不属于本单位；敏感文种是指记录、纪要、法律文书、个人信函等涉及敏感信息应控制知悉范围的文种。

3. 明确具体实施步骤

一是明确开放审核任务。按照档案进馆计划，明确拟开放审核的工作任务，并分解给相关档案形成部门。如档案形成部门职能职责有调整，原则上由承接的部门或单位进行开放审核；职能职责取消的，由本单位开放审核工作负责部门组织审核。二是做好涉密档案清理及密级变更。各单位要严格遵守

《中华人民共和国保守国家秘密法》及其实施条例，《国家秘密解密暂行办法》，做好涉密档案的清理及密级变更工作，形成涉密档案目录。三是按件出具审核意见。按照单位制定的档案开放审核标准，审核人员逐件逐页审核已解密档案和非涉密档案内容，出具档案开放审核意见。四是移交开放审核意见。开放审核意见须经单位档案工作领导小组审议、单位议事决策会议终审确认，形成开放审核结论。移交进馆时，需同时移交档案开放审核工作情况相关材料，内容包括政策法规依据、主要限制利用标准、单位组织实施过程、开放审核结论等。

4．审核材料归档

档案开放审核工作中形成的相关材料应及时归档。

第三章 CHAPTER 3 | 档案延期开放规则

　　档案延期开放规则是指根据法律法规规定，综合考虑党和政府现行政策、发展大局和社会形势等因素，明确界定档案延期开放的范围及具体内容。档案延期开放规则是档案开放审核标准化体系建设的核心，是判断档案是否适宜向社会开放的重要依据，是档案开放审核工作依法合规的根本保证。科学合理制定档案延期开放规则，能提高审核工作的权威性、审核依据的一致性、审核过程的规范性、审核结果的稳定性、档案开放的安全性，最大限度地实现档案资源的安全有效利用。

第一节　档案延期开放的原则

　　档案开放审核工作包括两个方面，即划分档案开放和延期开放范围两个方面。鉴于档案中可开放的内容包罗万象，不能穷举，而延期开放的范围却相对可以明确，因此，档案开放审核工作的重点和难点是明确延期开放档案的范围和边界，并细化应延期开放的主要范围。

一、合法性原则

法律法规、规范性文件和国家现行政策是开展档案开放审核工作的依据，延期开放规则的各项内容应符合现行法律法规、政策规定和发展大局，确保合法、合规、合理。档案开放审核工作的目标是在开放档案的同时，确保国家秘密、商业秘密、工作秘密、个人隐私以及其他不宜开放的内容不被公开，既要维护国家、集体、个人的合法利益，又要尽量满足社会对档案的利用需求。

二、可操作性原则

现有档案开放审核依据存在条文内容笼统、操作性不强、标准口径宽严难把握等弊端。制定档案延期开放规则时应立足馆藏实际，重点弥补上述缺失，研究延期开放内容细化的有效途径和表达方式，使档案延期开放规则内容明晰、易于理解、操作性强，能在实践中广泛运用。不同工作人员进行档案开放审核工作时能够执行统一标准，能在档案开放审核工作完成后，对不同工作人员的审核结论进行标准化的质量评价。

三、动态性原则

制定档案延期开放规则要根据党和国家事业发展变化、档案管理政策法规完善调整、人民群众现实需求等情况适时更新、动态调整。同时，应将处理突发事件影响的应急调整要求和针对档案利用部门反馈的调整要求纳入档案延期开放规则调整优化的范围之中，使档案延期开放规则动态优化，确保规则与时俱进、科学管用。

四、安全性原则

档案开放审核工作责任重大，要准确把握延期开放规则的尺度，确保开放档案内容安全，避免造成负面影响。清理涉及国家秘密、商业秘密、工作秘密、个人隐私以及其他不宜向社会直接开放的档案，将这些档案划入延期开放范围，保证开放的档案内容不会对国家、集体、个人造成负面影响。

第二节　档案延期开放的依据

　　制定档案延期开放规则的依据包括法律法规、规范性文件和国家现行政策规定等。1980年5月19日，中共中央书记处召开的第21次会议做出了开放历史档案的重要决定。此后，围绕开放历史档案出台了一系列相关法律法规、规范性文件及相关政策，从档案开放期限、开放权限、开放审核工作责任主体、工作内容、档案延期开放范围和内容等方面进行规定，为制定档案开放审核标准规范提供了依据。

一、对档案开放期限的相关规定

　　新《档案法》加大了档案开放力度，将档案开放的期限从三十年缩短到二十五年，并规定："经济、教育、科技、文化等类档案，可以少于二十五年向社会开放；涉及国家安全或者重大利益以及其他到期不宜开放的档案，可以多于二十五年向社会开放。"2022年颁布的《国家档案馆档案开放办法》取代了1991年颁布的《各级国家档案馆开放档案办法》，其在涉及档案开放期限的相关规定中，明确提出档案开放工作应遵循合法、及时、平等和便于利用的原则，区分了常规开放、提前开放和延期开放三种情形，规定符合四类情形之一的国家档案馆档案，可以延期向社会开放，如表3-1所示。

表 3-1　与开放期限相关的政策法规

开放期限	《中华人民共和国档案法》	《国家档案馆档案开放办法》
满二十五年（常规开放）	县级以上各级档案馆的档案，应当自形成之日起满二十五年向社会开放	自形成之日起满二十五年的国家档案馆的档案，经开放审核后无需限制利用的应当及时向社会开放
少于二十五年（提前开放）	经济、教育、科技、文化等类档案，可以少于二十五年向社会开放	经济、教育、科技、文化等类档案，经开放审核后可以提前向社会开放
多于二十五年（延期开放）	涉及国家安全或者重大利益以及其他到期不宜开放的档案，可以多于二十五年向社会开放	自形成之日起已满二十五年，但具有下列情形之一的国家档案馆的档案，可以延期向社会开放：（一）涉及国家秘密且保密期限尚未届满、解密时间尚未到达或者解密条件尚未达成的；（二）涉及国家和社会重大利益，开放后可能危及国家安全和社会稳定的；（三）涉及知识产权、个人信息，开放后会对第三方合法权益造成损害的；（四）其他按照有关法律、行政法规和国家有关规定应当限制利用的

二、对档案开放权限的相关规定

《国家档案馆档案开放办法》第六条、第十条、第十一条对档案开放权限进行了详细规定，国家档案馆仅对分管范围内的馆藏档案具有开放权限；国家档案馆以接受捐献、寄存方式收集的档案，其开放意见应按照捐献、寄存档案的单位和个人的意见执行，无法取得意见的由国家档案馆按照有关规定办理，如表3-2所示。

表3-2 《国家档案馆档案开放办法》对开放权限的相关规定

第六条	第十条	第十一条
国家档案馆负责各自分管范围内馆藏档案的开放。国家对档案开放的权限另有规定的，从其规定	国家档案馆不得擅自开放归属和管理权限不属于本馆的历史档案。如需开放，应当按照有关规定征得对该档案有归属和管理权限的档案馆的同意	国家档案馆以接受捐献、寄存方式收集的档案，是否开放应当按照与捐献、寄存档案的单位和个人的约定办理。未作约定的，国家档案馆应当征求捐献、寄存档案的单位和个人意见。无法取得意见的，由国家档案馆按照本办法有关规定办理

三、对档案开放审核工作责任主体的相关规定

新《档案法》及其实施条例、《机关档案管理规定》明确规定了档案开放审核工作的责任主体为国家档案馆和档案形成

单位或者移交单位，档案开放审核工作已成为国家档案馆和档案形成单位或者移交单位共同的法定职责。各国家档案馆根据职责规定，印发相关文件。例如：2019年，四川省委办公厅、省政府办公厅印发《关于做好档案"双套制"移交与接收工作的通知》，四川省档案局印发《关于做好档案"双套制"移交与接收工作有关事项的通知》，明确规定了各地各部门（单位）要组织开展移交档案的开放审核工作，如表3-3所示。

表3-3　与档案开放审核工作责任主体相关的政策法规

名称	相关条款	责任主体
《中华人民共和国档案法》第三十条	馆藏档案的开放审核，由档案馆会同档案形成单位或者移交单位共同负责，尚未移交进馆档案的开放审核，由档案形成单位或者保管单位负责，并在移交时附具意见	国家档案馆、档案形成单位或者移交单位
《中华人民共和国档案法实施条例》第三十条	国家档案馆应当建立馆藏档案开放审核协同机制，会同档案形成单位或者移交单位进行档案开放审核	国家档案馆、档案形成单位或者移交单位
	档案形成单位或者移交单位撤销、合并、职权变更的，由有关的国家档案馆会同继续行使其职权的单位共同负责；无继续行使其职权的单位的，由有关的国家档案馆负责	国家档案馆、继续行使撤销、合并、职权变更单位职权的单位
	尚未移交进馆档案的开放审核，由档案形成单位或者保管单位负责，并在移交进馆时附具到期开放意见、政府信息公开情况、密级变更情况等	档案形成单位或者保管单位
	县级以上档案主管部门应当加强对档案开放审核工作的统筹协调	县级以上档案主管部门

（续表）

名称	相关条款	责任主体
《机关档案管理规定》第五十二条	机关向国家综合档案馆移交前，应当按照相关规定做好移交档案的密级变更或解除工作，并提出划控与开放意见	各级党和国家机关、人民团体

四、对档案开放审核工作机制与任务的相关规定

档案开放审核工作任务的相关内容主要包括工作制度、机制的建立与完善，对到期馆藏档案开放审核的要求，移交档案时的审核要求，对档案解密工作的要求等五个方面。

关于建立工作机制，完善工作制度 《中华人民共和国档案法实施条例》明确规定国家档案馆应当建立馆藏档案开放审核协同机制，国家档案馆与档案形成单位或者移交单位进行档案开放审核。2021年，中共中央办公厅、国务院办公厅印发《"十四五"全国档案事业发展规划》，提出要建立健全机关、企业事业单位档案开放审核建议机制以及国家档案馆馆藏档案解密和开放审核有关制度。《国家档案馆档案开放办法》也对建立馆藏档案开放审核协同机制进行了规定。

关于对到期馆藏档案进行开放审核 按照新《档案法》与《国家档案馆档案开放办法》的规定，应在开放前进行档案开

放审核，对不宜向社会开放的档案，要延期开放，限制利用。

关于向国家档案馆移交档案时进行开放审核 按照《中华人民共和国档案法实施条例》《机关档案管理规定》的规定，档案在移交进馆时要完成涉密文件清理和解密工作，相关方要组织开展开放审核工作，确保开放的档案中没有不宜公开的信息。

关于档案开放审核工作方式 从20世纪80年代国家档案馆开展档案开放审核工作以来，档案开放审核工作以卷为单位出具开放审核意见，方式较为粗放。从2012年起，国家档案局要求对档案逐页审核，逐件出具开放审核意见，这样有利于提升档案开放审核工作的细致程度和准确性。

关于档案解密工作 新《档案法》及其实施条例、《机关档案管理规定》等明确规定，要做好密件管理、清理和解密工作。新《档案法》及其实施条例、《中华人民共和国保守国家秘密法》及其实施条例、《国家秘密解密暂行办法》对国家秘密解密工作进行了明确规定。新《档案法》第十二条规定，涉及国家秘密的档案的管理和利用，密级的变更和解密，应当依照有关保守国家秘密的法律、行政法规规定办理。其中，《国家秘密解密暂行办法》的规定最为详细，对解密工作的责任主体、解密条件、解密程序、解密后应如何加盖解密章和变更章等进行了详细规定。各国家档案馆结合实际出台了相关政策规定，如四川省档案局《关于做好档案"双套制"移交与接收工作有关事项的通知》规定，"要按照'谁定密，谁解密'的原则，积极争取保密工作部门的指导支持，督促协调有关单位依法依规做好移交档案中涉密文件的清点和解密、降密工作"。政策法规对开放审核工作的相关规定详见表3-4所示。

表3-4　政策法规对档案开放审核工作的相关规定

责任主体	档案形成或保管单位	档案馆、档案形成单位或者移交单位	
工作对象	未进馆档案	已进馆档案	
		已开放档案	到开放期限档案
工作任务	清理密件、解密审核、出具开放审核意见		
工作方式	逐页审读、逐件出具开放审核意见		
工作标准	《国家秘密解密暂行办法》、延期开放规则、延期开放标准		

第三节　档案延期开放的主要范围

　　档案延期开放的主要范围源于对法律法规、规范性文件和现行政策的梳理、细化，从档案开放审核的各环节、各要素入手，制定多维度的规则，各项规则相互关联、相互补充、相互印证，方便工作人员操作，有利于提升开放审核结论的准确性和稳定性。

一、档案法律法规中对应延期开放内容的相关规定

　　从法律层面看，明确规定相关内容应延期开放的法律文件有新《档案法》及其实施条例和《中华人民共和国保守国家秘密法》《中华人民共和国国家安全法》《中华人民共和国知识产权法》《中华人民共和国个人信息保护法》《中华人民共和国专利法》等。这些法律法规为制定档案延期开放规则，特别是确定哪些内容应纳入延期开放范围提供了依据和参考。

　　新《档案法》明确规定，涉及国家安全或者重大利益，涉及知识产权、个人信息的应考虑利用条件和范围。《中华人民共和

国保守国家秘密法》规定应保守国家秘密，开放内容中没有国家秘密是档案开放的前提条件和安全底线，涉密件应纳入延期开放范围。《中华人民共和国国家安全法》第十五条至第三十四条规定涉及国家安全的工作任务产生的档案应延期开放。《中华人民共和国专利法》规定了国务院专利行政部门的工作人员及有关人员在专利申请公布或者公告前应保密；申请专利的发明创造涉及国家安全或者重大利益需要保密的，按照国家有关规定办理。《中华人民共和国个人信息保护法》明确规定了敏感个人信息应控制知悉范围，包括生物识别、宗教信仰、特定身份、医疗健康、金融账户、行踪轨迹等信息，以及不满十四周岁未成年人的个人信息。相关内容如表3–5所示。

表3–5 部分法律中规定的延期开放内容一览表

法律名称	划控范围
《中华人民共和国档案法》	涉及国家安全或者重大利益，涉及知识产权、个人信息
《中华人民共和国保守国家秘密法》	可能损害国家在政治、经济、国防、外交等领域的安全和利益的国家秘密
《中华人民共和国国家安全法》	第十五条至第三十四条规定的范围
《中华人民共和国知识产权法》	著作权、发明权、专利权（部分）
《中华人民共和国个人信息保护法》	敏感个人信息

（续表）

法律名称	划控范围
《中华人民共和国专利法》	（1）申请专利的发明创造涉及国家安全或者重大利益需要保密的，按照国家有关规定办理 （2）在专利申请公布或者公告前，国务院专利行政部门的工作人员及有关人员对其内容负有保密责任

从法规和政策层面看，《各级国家档案馆馆藏档案解密和划分控制使用范围的暂行规定》《国家档案馆档案开放办法》及国家档案局有关文件，对应延期开放的范围进行了细化和更具体的规定。其中，《各级国家档案馆馆藏档案解密和划分控制使用范围的暂行规定》是目前国家档案馆延期开放范围的核心依据，其第七条具体规定了二十项应延期开放的内容。《国家档案馆档案开放办法》列举了应延期开放的四个方面。国家档案局相关文件也明确提出涉及多类敏感内容、敏感数据的应划入延期开放范围。

从各国家档案馆制定的标准规范看，各国家档案馆根据馆藏情况，结合工作实际制定了档案开放审核的实施细则、工作规范、工作标准等标准规范，对应延期开放档案的范围和具体内容进行规定。例如1988年四川省档案馆印发了《关于档案馆在开放档案中控制使用范围的通知》，明确规定了馆藏中建国以来的档案、革命历史档案、民国档案、清代档案中的延期开放内容。2021年，四川省档案馆修订《四川省档案馆开放审核工作实施办法》，对馆藏档案中应延期开放的具体内容作出了规定。

二、档案延期开放的具体范围

《国家档案馆档案开放办法》第八条规定，自形成之日起已满二十五年，但具有下列情形之一的国家档案馆的档案，可以延期向社会开放：

（一）涉及国家秘密且保密期限尚未届满、解密时间尚未到达或者解密条件尚未达成的；

（二）涉及国家和社会重大利益，开放后可能危及国家安全和社会稳定的；

（三）涉及知识产权、个人信息，开放后会对第三方合法权益造成损害的；

（四）其他按照有关法律、行政法规和国家有关规定应当限制利用的。

为方便记忆，便于操作，根据以上四个方面的规定，可细化出敏感"事项""人物""数据""来源""文种"以及"其他"六个维度的延期开放规则。

1.敏感事项档案

敏感事项档案是指涉及国家秘密、国家和社会重大利益，开放后可能危及国家安全和社会稳定的档案。

2.敏感人物档案

敏感人物档案指涉及知识产权、个人信息，开放后会对个人权益造成损害的档案。

3.敏感数据档案

敏感数据档案指涉及国家秘密、重大事件、国家资源等事项和领域中不宜开放的各种敏感数据的档案。

4.敏感来源档案

按照《国家档案馆档案开放办法》规定，国家档案馆负责各自分管范围内馆藏档案的开放。国家档案馆不得擅自开放归属和管理权限不属于本馆的历史档案。如需开放，应当按照有关规定征得对该档案有归属和管理权限的档案馆的同意。

敏感来源档案即归属和管理权不属于本馆的档案。

5.敏感文种档案

敏感文种档案是指涉及含有敏感信息应控制知悉范围的文种的档案。

6.其他

其他档案指除归属上述5种类别外，其他应控制知悉范围的档案，如过程稿、内部资料等。

第四节　延期开放规则在运用中要注意的问题

档案延期开放规则，是基于法规政策及部分国家档案馆馆藏档案制定的通用规则；在实际应用中，不同的国家档案馆要根据审核对象的具体情况，对延期开放规则进行补充、完善、调整。结合实际审核对象的特点、工作实际，各国家档案馆可对延期开放规则进行梳理和内容细化，建立更加科学适用的细化规则，使延期开放规则更加便于后期工作人员进行操作。因此，相关人员在具体工作中应用审核规则时应注意把握以下三个问题。

一、延期开放规则的有效性

延期开放规则要根据新《档案法》及其实施条例和《国家档案馆档案开放办法》等最新的法律法规规定，总结国家档案馆开放审核工作的实践经验进行制定。延期开放规则制定后，要及时将其应用于馆藏档案开放审核工作中，结合工作中遇到的问题进行补充、完善、调整，确保延期开放规则的有效性，促进档案开放审核工作从主观走向客观、从无序走向有序、从判定多样走向口径统一、从粗放低效走向提能增效。

二、延期开放规则的动态性

制定延期开放规则不是一劳永逸的，也不是一成不变的，其规则具有动态性，主要表现在三个方面。

制定规则所依据的政策法规具有时效性，政策法规在不断修订、完善，延期开放规则要适时跟进，作出调整，符合最新要求。

对过往事件、人物、评价以及对当下的影响，也是一个认识不断深化、界定日趋客观准确的过程。因此，要根据政治经济社会发展实际，结合党和国家新的要求，以及突发事件影响、档案利用部门的反馈情况，对延期开放规则进行适时优化调整，使其更加符合情势变化要求。

随着信息技术在档案工作中的应用和计算机智能辅助审核技术在档案开放审核工作中的应用，基于人工审核制定的开放审核延期开放规则应根据技术变化不断调整，以符合新技术应用的要求。

三、延期开放规则的拓展性

档案延期开放规则作为基础标准，具有拓展性。延期开放规则是根据党和国家现行政策法规制定的通用规则，也是根据馆藏档案的特点和内容细化的规则，因此，档案开放审核延期开放规则应根据经济社会发展进步、档案事业纵深推进、新领域新业态新组织源源不断出现，以及对历史认识的不断深化，因时而变，顺势而为，拓展深化。在具体应用延期开放规则时，应根据审核档案的具体情况，补充具有当地特色、反映当地历史背景的审核内容，充实更多全宗、不同时期的内容。国家档案馆应当对延期开放的馆藏档案定期评估，因情势变化不再具有法律、行政法规以及《国家档案馆档案开放办法》规定的延期向社会开放情形的，在履行相关程序后向社会开放。

档案开放审核的质量管理

档案开放审核质量管理是指按照"前期约束—中期控制—后期评估"的管理模式，对档案开放审核各要素、各环节进行计划、操作、控制和协调，使其规范有序、高效优质。在档案开放审核中引入质量管理的理论、经验与方法，有利于促进档案开放审核工作科学规范、有序有力，推动档案开放审核工作高质量发展。

第一节　质量管理的必要性与可行性

一、必要性

新《档案法》及其实施条例和《国家档案馆档案开放办法》将档案开放审核工作置于全新的发展环境，对档案开放审核的效率、质量提出更高要求，而在当前档案开放审核实践中的标准、机制、审核方式、专业力量等方面，不同程度地存在问题和短板，直接影响着档案开放审核的质量。

1.现有档案开放审核标准难以保证审核质量

1991年国家档案局、国家保密局发布的《各级国家档案馆馆藏档案解密和划分控制使用范围的暂行规定》（以下简称《规定》）是目前档案开放审核工作的主要依据。《规定》对档案划控规则作了原则性规定，标准比较笼统，细化难度较大，且《规定》发布距今已30余年，社会政治经济形势、档案事业发展都有了翻天覆地的变化，其中一些规定已经不能适应新时代档案开放审核工作的形势。同时，国家档案馆馆藏档案数量大、内容丰富、时间跨度长，各历史时期的档案形成背景不同，各自具有独特的时代特征、政治属性和内容特点，档案开放审核具有显著的差异化特征，国家档案馆如果缺少具体细化的开放审核标准，会使得很多档案处于开放与延期开放的中间地带，各审核人员因对具体问题理解不同和能力的差异，极易形成相互矛盾的开放审核结果，给开放审核质量管理带来极大困难。

2.档案开放审核协同机制尚未建立健全

新《档案法》规定："馆藏档案的开放审核，由国家档案馆会同档案形成单位或者移交单位共同负责。尚未移交进馆档案的开放审核，由档案形成单位或者保管单位负责，并在移交时附具意见。"新《档案法》明确赋予国家档案馆和档案形成单位或者移交单位共同责任，使相关主体充分发挥各自的优势和特点，其中还特别明确了档案形成单位或者移交单位的直接责任，有助于提高档案开放审核工作的专业性。《中华人民共和国档案法实施条例》规定："国家档案馆应当建立馆藏档案开放审核协同机制，会同档案形成单位或者移交单位进行档案开放审核。"《国家档案馆档案开放办法》也规定了县级以上地方档案主管部门应当协调建立本地区馆藏档案开放审核协同机制，明确由国家档案馆牵头，档案形成单位或者移交单位参与，双方共同负责馆藏档案开放审核。目前，这一机制尚未建立健全，各自责任也未明确，国家档案馆与档案形成单位或者移交单位若对审核结果产生异议，如何协调以保证审核质量，确保涉敏内容不被开放等问题尚未解决。

3.档案开放审核方式制约档案审核质量

目前，档案开放审核主要是通过人工方式审核档案实体或档案数字化副本，对审核人员的综合素质、知识结构、管理水平和工作态度要求高，且不同全宗涉及的内容不同，特点不同，质量标准也不同，难以做到面面俱到，这种方式效率不高，管理困难，质量更是难以把控，而开放审核结果在较长一段时间后才能得以验证，如果出现失误，后果难以挽回。目前，部分国家档案馆在探索运用计算机技术辅助档案开放审核，但技术还不够成熟，且需要资金量大，在较长一段时间内难以普及，审核方式已成为影响档案开放审核质量的重要因素。

4.专业力量薄弱使得审核质量参差不齐

馆藏档案应当自形成之日起满25年向社会开放，较之此前缩短了5年时间，由此导致档案开放审核工作量急剧增加，数量的增加不仅对档案部门审核的工作效率是一种挑战，对档案开放审核的质量控制更是一大难题。机构改革前，绝大多数国家档案馆都没有专门负责档案开放审核工作的机构或部门，机构改革后负责开放审核工作的部门经验不足，专门负责档案开放审核的力量不够，影响档案开放审核工作的质量。

综上所述，应坚持问题导向，以提升档案开放审核质量为宗旨，引入质量管理理念、方法和模式，强化质量管理，提高管理水平。

二、可行性

宽严适度是档案开放审核工作的基本遵循，开放范围过窄会抑制档案价值发挥，也与档案工作走向开放的政策理念相违背，开放范围过宽则会危及国家安全，损害党和国家利益，因此，档案开放审核的质量就显得尤为重要。

档案开放审核的质量要求与质量管理体系高度契合，质量管理体系中的过程管理方法强调"质量形成于产品实现的全过程，必须使影响产品质量的全部因素在产品实现的全过程中始终处于受控状态"，这个要求完全符合档案开放审核对审核质量的要求。因此，在档案开放审核中，可以引入质量管理的理论、经验与方法，对开放审核的全流程进行质量管理，对工作的流程、环节实施策划、监控、评估和改进，在严把人、财、物等资源质量关的前提下，对形成开放审核结果的全过程加以控制和改进。

具体应用思路是：以对档案开放审核全流程的质量把控为基础，采用科学手段对档案开放审核工作进行前期约束、中期控制、后期评估，以保证档案开放审核质量，换句话说，就是对档案开放审核各要素及档案开放审核过程的各个环节进行计划、操作、控制和协调，使其规范有序、高效优质。

第二节　馆藏档案质量管理策略

馆藏档案开放审核质量管理侧重于对开放审核的过程、环节、机制的把控，拟进馆档案开放审核质量管理则侧重于对机关的指导、培训、监督。其他阶段或主体对档案开放审核的质量管理可参考此策略施行。

一、总体要求

1.确定质量管理目标与原则

管理目标：遵循档案开放审核相关法律法规，建立质量管理制度，全面提升档案开放审核质量，提升档案服务党和国家工作大局、服务人民群众的能力和水平。

管理原则：根据"依据充分、程序规范、安全稳妥"的质量管理原则，按照"前期约束—中期控制—后期评估"的管理模式，确定各审核环节质量管理的实施主体和主要职责，尤其是在"中期控制"中厘清职责、明确分工，保证档案开放审核工作符合质量要求。

2.厘清质量管理职责

建立档案开放审核质量管理体系，实现质量目标，必须建立明晰的管理职责体系，厘清不同责任主体在开放审核质量管理中的职责。档案开放审核主要按照"初审—复审—审议—确认"的步骤进行，梳理工作环节、厘清工作内容，不断提高各个环节的标准化程度，特别是强化权责明确、规范运作的意识，做到初审求细、复审求同、审议求准和确认求全，保证开放审核工作符合质量要求，做到审核过程完善、审核材料齐全、把握标准宽严适度、审核成果质量稳定、合法合规。

国家档案馆是馆藏档案开放审核工作的组织者，是质量管理的重要责任主体，在档案开放审核质量管理中负责全面统筹。首先，国家档案馆档案开放审核职能部门应制定标准规范，明确审核程序和工作方法，负责沟通协调，在不同阶段对档案开放审核工作质量进行检查，并对档案开放审核工作全流程的质量进行监管。同时，档案开放审核工作委员会应做好质量把关，对不符合质量要求的环节或审核结果提出质疑并加以解决，充分讨论研究存在的问题，加强质量监管。国家档案馆还应及时召开馆务会，对审批过程严把质量关，尤其要认真确认档案开放审核结果，确保安全。

按照新《档案法》规定，档案形成单位或者移交单位也应承担档案开放审核工作的直接责任。档案形成单位或者移交单位的主要职责：一是认真贯彻执行新《档案法》及其实施条例与《国家档案馆档案开放办法》《机关档案管理规定》等国家、行业与档案开放审核有关的法律、法规和要求；二是制定本单位档案开放审核质量管理计划，确保档案开放审核工作质量目标实现；三是明确档案开放审核部门与档案形成部门在档案开放审核工作中的职能职责；四是在国家档案馆的指导和协同合作下，依法依规确定延期向社会开放档案的具体标准和范围，并与国家档案馆协商确定档案开放审核结果；五是全力保障档案开放审核工作所需人、财、物等。在移交进馆档案的开放审核中，档案形成单位或者移交单位应按照国家档案馆的进馆要求，附具到期开放意见、政府信息公开情况、密级变更情况等。

二、初审"求细"

1.初审核心及标准

初审质量管理的核心是"求细"。在档案开放审核的初审过程中，信息筛查的质量直接影响档案开放审核结论的准确性，因此，初审质量管理的核心是"求细"。审阅档案原文时一定要仔细，不错漏任何敏感字句和信息，通过了解全宗情况、档案形成历史背景，做到敏感信息标注完整、准确，确保初审质量。

初审的质量标准是敏感信息标注完整准确，主要包含五个方面的内容：（1）涉敏信息标注不遗漏，应标尽标；（2）标注语言通顺、语意完整，无错别字等低级错误，标注的信息能在复审、审议等环节中直接使用；（3）使用规定的符号，摘录的档案原文和根据原文概括的敏感信息要用标点符号等进行区分，人工概括的信息要全面、准确地反映档案内容，不以偏概全、不主观臆断，能方便其他工作人员理解；（4）敏感信息分类准确，敏感信息与分类标注对应准确，有几类敏感信息就标示几个分类标注；（5）对敏感信息的位置标注准确，按要求写明实体档案的页码、行数，数字化副本的检索条目、坐标等。

2.初审质量管理方法

初审是档案开放审核工作中最为关键的一步，初审的质量关系着开放审核的质量。无论档案开放利用还是控制使用，很大程度取决于是否筛查出敏感信息，不管复审还是审议、确认都主要依据初审的结论，因此，在初审中一定要认真阅读档案内容，反复斟酌，多角度地进行思考。初审可分为事前准备、事中标注、事后检查三个阶段。

　　事前准备，包含四个方面内容。第一，做好人、财、物等方面的充分准备。有专门开展信息筛查工作的场地，配备电脑、档案柜、数据库等软硬件及必要的保密设施设备；充分熟悉档案基础业务如档案整理、著录和开放审核的相关规定、业务规范，以及敏感信息筛查和标注的重点内容和注意事项，确保工作人员对档案工作有全方面的认识。第二，建立审核台账。根据利用情况、资政服务、教育研究等需求，以及馆藏全宗的具体情况，选取应审核的全宗，并梳理出初审台账条目。第三，做到"四个了解"。通过查阅全宗指南，了解全宗组织沿革和主要职能职责的变化过程，了解全宗主要内容，了解档案形成的时代背景，了解档案形成时期相关重大事件。了解组织沿革和职能职责，有助于对该全宗可能涉敏的内容形成初步认识，对已经撤销或合并的立档单位全宗在复审环节需要会同哪个单位开展工作做到有据可依。根据职能职责梳理其主要涉敏的内容，做到提前谋划和准备，有利于提高敏感信息筛查的准确性。例如，自然资源部门可能存在大量红线图、规划图；卫生部门可能存在关于重大疫情、特殊病例方面的档案；审计部门可能存在关于资金审计案件的档案等。了解档案形成的时代背景及其重大事件，有利于完善敏感信息分类，把握特殊事件和人物。由于档案形成的年代历史久远，审核人员可能对当时的社会状况不了解，就容易忽略敏感词汇，如剿匪肃特、镇压反革命等。第四，对敏感信息进行分类。将档案涉敏点和敏感信息进行分类，明确分类标记的方法、标准、要求。

事中标注，包含三部分内容。一是标注敏感信息。通过审读全文，找出所有敏感信息，做到敏感信息标注齐全、内容完整、位置准确，符合初审质量标准。在筛查过程中，应对档案逐件逐页进行审阅，一份档案中有多处敏感信息时，不应遗漏，敏感信息标注宜多不宜少，以便提高开放审核结论的准确性，避免出现某涉敏档案因仅标注一处涉敏信息摘录而被核定为非涉敏档案，从而造成不恰当开放的情况。二是标注信息分类。根据分类标准和敏感信息的具体内容，标注档案中敏感信息的所属类别，内容与类别一定要对应准确。比如类别中的"个人信息"主要指个人隐私的内容，"组织人事"主要涉及人员招录、调动、职务职级等相关内容，在标注时要注意区别分类，保证分类标注准确。分类标注不仅有利于审核人员对敏感信息的掌握，方便培训和操作，同时，敏感信息与其分类一一对应，信息分类准确，能够提高"回头看"的效率，当划控规则有变更时，根据信息分类可以更快锁定需要修订的内容。三是形成初审结论。在标注敏感信息的基础上，结合档案具体内容、开放审核规范标准以及时政形势，初步确定审核结论。

事后检查，包括两项质检工作。一是批量质检。以档案的文件级目录为单位，通过对档案题名、敏感信息分类、标注的敏感信息进行批量审查，排除低级错误和共性问题。对同一类信息的修改相对容易，只需根据信息分类或者关键词整体修改即可，但不同类的信息或者比较具体的涉敏信息的修正则需要结合原文逐条查阅审核。二是个体抽检。通过抽样的方法，再次审读档案原文，检查是否达到敏感信息标注的质量标准。抽检率一般应达到10%以上，采取等距离抽检方法，做到抽检全覆盖。某些单位的档案数量很少，若采取等距离抽检，可能漏掉该单位某部门形成的档案，则可以采取随机抽检的方式进行。通过两项质检，实现敏感标志筛查、标记无遗漏，抽检合格率达到100%；相关信息及其位置标记，不应有误，抽检合格率达到100%；对敏感信息内容及其位置标记等工作结果进行全面质检，质检比例达到100%；对质检后发现的问题，整改合格率达到100%。质检后，对无法判定是否涉敏的信息进行集体研判，形成一致意见；对涉敏信息标注、摘抄有误或结论不确定的条目，再查阅原文进行核对，形成问题清单与错情分析，避免下一个全宗出现类似的问题。

三、复审"求同"

1.复审核心及标准

复审的质量管理核心是"求同"。复审由国家档案馆和档案形成单位或者移交单位共同完成，目的是让国家档案馆和档案形成单位或者移交单位对开放审核结论初步形成一致意见。档案形成单位或者移交单位最了解本单位职能职责的内容、性质，熟悉本单位业务工作和历史沿革，最能够把握档案涉敏的关键部分，是准确判断档案是否应予开放的重要责任主体。因此，一些专业性强、行业特色鲜明、业务特点突出的档案，理应由档案形成单位或者移交单位做出专业判断。

复审的质量管理标准，可细化为两个方面。一是档案形成单位或者移交单位建立审核机制，联动相关业务部门对初审意见逐条审核，形成符合档案形成单位或者移交单位制度规定、职能职责、行业特色及其业务工作相关要求的审核意见。二是档案形成单位或者移交单位与国家档案馆开放审核职能部门沟通协调，对意见不一致的审核结论充分讨论研究，初步达成一致意见。

2.复审质量管理方法

复审工作是由国家档案馆与档案形成单位或者移交单位共同

完成的，要确保复审意见的有效性，应从三个方面加强质量管理。一是建立集体审议制度，明确管理责任，提升质量管理水平。在档案形成单位或者移交单位开展复审工作前，国家档案馆应对该单位的审核工作进行业务指导，告知涉敏信息筛查主要涉及哪些内容、初审的依据是什么、前期工作的开展情况。国家档案馆应与档案形成单位或者移交单位尤其是一些具有特殊职能的单位加强联系沟通，要对这些单位的职能加以了解，安排专门人员负责对接，做好指导服务工作，确保档案形成单位或者移交单位的复审意见及时反馈。二是档案形成单位或者移交单位应成立复审专门机构，由档案工作分管领导、档案人员和各部门负责人组成，必要时可邀请档案形成时期的相关人员参与，采用集体审议或分包到相应部门的方式进行复审，审核意见再交至档案开放审核部门汇总复核，最终由单位组织专题会议审议通过，主要负责人签字确认后返回至国家档案馆。档案形成单位或者移交单位复审应根据政策法规、开放审核标准、行业规范和业务要求，在初审材料的基础上进行，对有异议的档案重新查阅原文，对模棱两可的审核意见充分讨论研究，通过审议程序后，返回国家档案馆。三是档案形成单位或者移交单位反馈审核意见后，国家档案馆具体负责开放审核工作的部门应将审核结果加以整合，对存在异议的，需双方查阅档案原文，共同分析研判，充分协商沟通后，形成统一的开放审核意见，若无法达成一致的可在审议环节加以解决。

四、审议"求准"

1.审议核心及标准

审议的质量管理核心是"求准"。审议工作主要由国家档案馆与档案形成单位或者移交单位共同组成的档案开放审核工作委员会开展，负责对开放审核的标准、方案、结果进行审议，并研究解决开放审核工作中的重大问题。

审议的质量管理标准是审议意见合法合规，可细化为两个方面的内容。一是审议意见符合国家法律法规、规范标准。二是对复审意见进行审议，确保复审意见符合档案开放审核相关标准、要求，符合档案形成单位或者移交单位相关工作要求。

2.审议质量管理方法

馆藏档案开放审核的审议工作由档案开放审核工作委员会开展。通过定期或不定期召开专题会议，对档案开放审核标准、开放审核方案、开放审核结果进行研究、审议，并将研究解决档案开放审核工作中的重大问题作为重要职责。

要实现审议意见合法合规，应做到以下两个方面：一是全面审核支撑审核意见的审批材料和其他印证材料，以及反映工作流程的材料清单和审批签章。就遵循的原则、程序和判断标准是否合法，结论是否准确等形成结论。审议材料指初审和复审阶段形成的材料，包括信息筛查全部标注内容、初审结论出具情况、档案形成单位或者移交单位复审过程中形成的全部材料，以及国家档案馆和档案形成单位或者移交单位沟通协调的记录、清单，复审有异议的档案。档案开放审核工作委员会应对档案形成单位或者移交单位反馈复审意见的过程材料进行全面审核。二是采用抽检等方式进行调研，对标准不明、意见不确定、情况特殊的，在复审中未达成一致意见的，应在档案开放审核工作委员会议上组织论证，提出建议方案，以免出现工作纰漏，影响审核质量，危害国家安全，保证每项审核意见经过充分论证，通过集体审议，确保审议结论质量。

五、确认"求全"

1.确认核心及标准

确认环节的质量管理核心是"求全"。确认是档案开放审核流程中的最终环节，该环节形成的意见可能就是开放审核的最终结论，因此，确认环节要全面审核、全面研究、全面调整，确保档案开放审核全流程的质量。

确认环节的质量标准是开放审核材料齐全、开放信息安全，主要体现在两个方面。其一，开放审核结论符合法律法规，符合开放审核标准规范等要求，开放或者延期开放意见有据可依，开放档案中无敏感信息。其二，开放审核流程安全可靠，开放结果及其利用符合信息安全要求。

2.确认质量管理方法

确认环节质量管理，主要通过两项措施开展。第一，分主体确认开放审核结果。一是国家档案馆应通过馆务会或馆专题会议深入研究，查阅开放审核初审、复审和审议阶段全流程材料，及时发现问题、解决问题，并就审批手续是否合规，结论是否可靠进行确认，把控开放审核结论的质量。二是国家档案馆应将确认的结论返至档案形成单位或者移交单位，由档案形成单位或者移交单位的决策机构确认结论是否准确，是否符合该行业、该单位要求。对延期向社会开放的档案目录应报同级档案主管部门审批。第二，建立动态管理机制。随着国家政策、行业性质的变化，突发事件的发生，利用部门反馈的情况，开放审核标准的调整，开放审核结论也应进行相应调整。

要建立动态管理机制，明确动态管理责任，及时调整档案开放范围，修正开放审核结论，避免出现信息安全事故。

六、质量评估

在档案开放审核质量管理策略实施后，还可能存在不完善或不适应环境变化的情况，此时应利用质量方针、质量目标、审核结果、数据分析以及纠正和预防措施，对开放审核质量管理策略的适宜性、充分性和有效性等进行评估，发现质量管理运行过程中需要完善的情况，改进和提高质量管理能力。

1.建立质量评估组织

国家档案馆开放审核质量评估，可通过召开档案开放审核专家委员会的形式进行，以确保质量管理体系持续的适宜性、充分性和有效性。质量管理评估包括评价改进的机会和变更的需要、质量方针和质量目标。要编制《质量管理评估程序》，并加以实施和保持。质量管理评估一般每年一次，如遇下列情况可适当增加评估频次：国家法律、法规发生变化；出现重大的质量事件或利用者发起重大投诉；国家档案馆资源发生重大变化等。质量管理评估的记录，由档案开放审核专家委员会保存。

2.设立质量评估标准

引进ISO9001质量管理体系"管理职责""资源管理""产品实现""测量、分析和改进"四大评估板块，参照波多里奇质量奖的评价模型，对档案开放审核结果合规性、利用反馈情况、过程达标情况、以往质量管理评估的跟踪措施执行情况、可能影响质量管理体系的变更（外界环境的变化和自身的变化）情况、有关改进的建议（针对开放审核工作、过程和体系的建议）执行情况等进行评估。将评估标准进行细化，可采用简单易行的评分法开展质量评估，见表4-1。

表4-1　档案开放审核质量管理评估标准

评价类型	评价指标	指标标准	赋分
管理职责（12分）	质量方针	与档案开放审核工作总方针一致，符合开放审核工作规律，建立了质量目标，具有指导性	3
	质量管理计划	与质量方针相符合，以实现质量目标为导向，满足开放审核质量管理要求，建立一定的质量管理机制，能满足开放审核工作动态变化的需求	3
	风险应对策略	在利用反馈、环境变化等因素造成开放审核结果存在风险时，有能迅速反应、及时化解的策略	3
	职责、权限与沟通	职责分工明确，人员分配合理，建立了内部及外部沟通渠道，为实现高质量目标进行了有效协调与合作	3

（续表）

评价类型	评价指标	指标标准	赋分
资源管理（15分）	基础设施管理	开放审核工作有专门场地，配备电脑、档案柜、储存设备和数据空间等开放审核工作所需设施	2
	保密管理	保密措施、保密设备、人员保密培训	3
	工作环境管理	制定完善的安全规则和指南，对工作场域严格管理	2
	人才培训计划	制定开放审核工作培训计划并实施	3
	人员结构	人员专业履历及从事档案工作的年限等	3
	辅助系统	辅助划控系统或信息筛查系统等开放审核工作辅助系统的开发、研究、应用	2
过程管理（41分）	流程设置	制定全面详细、操作性强的工作流程，对关键环节、特殊环节进行监管，明确流程中的职责和权限，采取有效办法对质量管理进行有效控制	10
	环节实施	各工作环节高效有序、衔接流畅，工作台账完整	8
	标准应用	制定合法合规、科学合理、适用性强的开放审核标准，并有效运用到审核过程中	8
	抽检频次	采取适宜方法对质量管理过程进行检测，频次合理，能有效地将抽检结果用于指导质量管理目标的实现	7
	整改成效	采取有效措施对质量不达标的开放审核过程或结果进行整改，纠正和预防措施得到全面实施	8
结果管理（32分）	动态监测	信息标注或工作清单便于监测，使质量管理体系适宜性和有效性得到持续改进并建立持续改进机制	6
	规范性	审核环节符合要求，工作流程符合规范，审批手续齐全完整	8
	准确性	开放审核结果符合国家、地方和行业标准，符合法律法规和时政要求，符合档案业务规范，准确可靠	10
	利用反馈	开放审核结果在档案利用过程中不产生社会负面影响，符合国家方针政策，便于查阅者对档案的利用	8

3.评估结果应用

档案开放审核质量评估结果可用于质量管理计划及其过程有效性的改进、开放审核工作流程科学化的设置、开放审核结果调整的改进、有关资源的需求满足等。

第三节 进馆档案质量管理策略

新《档案法》界定了馆藏档案和移交进馆档案开放审核的责任主体及其承担方式，将增量档案的开放审核工作前置，既有效缓解了新《档案法》实施后国家档案馆应开放审核存量档案数量激增的压力，又保证了档案开放审核工作持续稳定开展。同时，《档案法实施条例》规定"尚未移交进馆档案的开放审核，由档案形成单位或者保管单位负责，并在移交进馆时附具到期开放意见、政府信息公开情况、密级变更情况等"，进一步明确进馆档案要求。

一、前端控制

前端控制是指针对文件的管理，从文件形成之时甚至形成之前（即文件管理系统设计阶段）就对文件到档案形成的全过程给予通盘规划，把可能预先设定的管理功能纳入系统之中，并在文件形成和维护阶段进行监督。它是现代文件、档案管理理念的重要内容，以文件生命周期理论为基础，把文件从形成到永久保存或销毁的不同阶段看作一个完整的过程，是实现文件全程管理的重要保障，是全面、系统、优化思想的集中体现。将前端控制理论引入档案开放审核工作，就是将开放审核工作要求前置，在档案管理的前端实现档案开放审核质量的把控，拓宽开放审核质量管理的边界。新形成档案的开放审核工作，可以前置到档案形成阶段，即在文件材料形成时就对该文件及形成过程产生的材料是否公开给予结论。文件拟写人员和形成部门对文件内容把握准确，对形成过程了解充分，将开放审核工作前置到文件形成阶段，不仅可以提升开放审核工作效率，还能确保质量。当然，开放审核工作前置得出的开放审核意见并不是档案开放审核的最终结论，还需要在档案进馆时根据最新政策法规、标准规范、行业规定等进行动态审核调整，确保开放档案信息安全。

二、业务指导

国家档案馆要及时跟进档案开放审核工作进度，及时发现问题，解决问题。第一，明确档案形成单位或者移交单位的工作责任，细化工作任务，建立沟通协调机制。第二，在档案形成单位或者移交单位开展档案开放审核工作前，积极宣传开放审核工作的重要性，提升档案形成单位或者移交单位对开放审核工作的重视程度，讲解开放审核工作要求和规范标准，通过印发相关文件、印制操作手册、举办专题培训等方式，提升档案形成单位或者移交单位档案人员的业务素养和开放审核工作水平。第三，形成进馆档案开放审核工作业务指导意见。除了对一些普遍性的问题和要求作出解释，例如涉及个人隐私、敏感数据、会议记录的档案建议延期开放等，还应针对档案形成单位或者移交单位部分涉及档案管理的工作进行指导。第四，在平时工作中，注意加强联系，及时答疑解惑，加快审核进度。

三、质量把关

国家档案馆在接收档案进馆时，要严把档案开放审核质量关。认真审核档案形成单位或者移交单位在开放审核工作中形成的过程材料及审核结论，检查开放审核程序是否合规。除在移交目录中注明审核结果外，相关材料还应有档案员、分管负责人、主要负责人的签字和单位盖章，确保开放审核手续完备，标准明确，内容清楚。国家档案馆工作人员要结合相关法律法规、标准规范，逐条审核，对存疑的审核结果及时联系沟通，协助档案形成单位或者移交单位查阅档案原文，深入讨论研究后再对审核结果进行确认，确保审核质量。还要确保档案形成单位或者移交单位在移交进馆之前，完成涉密档案解密审查工作。国家档案馆进行进馆档案接收时，将"保密期限届满的档案是否完成解密审查"作为进馆审核的一项必备内容。同时，要以"走向开放"为基本遵循，在审核时应重点关注开放审核结论是否便于社会对档案的利用。

参考案例：档案开放审核质量管理办法

第一章　总则

第一条　为加强档案开放审核工作管理，提升档案开放审核质量水平，根据《中华人民共和国档案法》《国家档案馆档案开放办法》等法律法规和规定，结合实际，制定本办法。

第二条　档案开放审核应当遵循合法、安全、及时和便于利用的原则，实现档案开放审核依法依规、流程规范，保证开放信息内容安全，实现档案资源开放与利用。

第三条　本办法适用于国家档案馆，机关、团体、企事业单位和其他组织开展档案开放审核工作可参照执行。

第二章　质量管理职责

第四条　档案馆、档案形成单位或者移交单位在档案开放审核工作中，应当明确质量管理职责及任务，提供质量管理所需的必要保障。

第五条　档案开放审核质量管理的主要职责：

（一）贯彻执行档案开放审核相关法律法规和标准规范，开展质量管理培训；

（二）制定实施档案开放审核质量管理策略、方案、流程，并加强督促指导；

（三）开展档案开放审核质量评估，及时纠正问题，改进和提高质量管理能力；

（四）其他应当履行的职责。

第三章 质量控制措施

第六条 档案开放审核的质量管理，应当按照事前规范、过程控制、事后评估的程序，重点加强初审、复审、审议、确认、公布等环节的质量管理。

第七条 档案开放初审阶段，设置质检人员对敏感信息标注进行全面检查，重点检查敏感信息筛查是否彻底、标记是否完整、分类是否准确等，确保初审结论合法合规、客观准确。

第八条 档案开放复审阶段，指导档案形成单位或者移交单位进行全面审核，把握本单位职能职责中的敏感内容，对有异议的结论进行充分论证，确保复审结论合法合规、客观准确。

第九条 档案开放审议阶段，由档案开放审核工作委员会根据初审、复审形成的相关审核材料，对审核原则、工作程序、判断标准、审核结论等进行审议，重点针对初审和复审结论不一致的档案进行研判，查看是否依据充分、流程合规、记录完整，确保审议结论合法合规、客观准确。

第十条 档案开放确认阶段，按照相关决策程序对审核结论进行确认，确保开放审核结论合法合规、客观准确。

第十一条 档案开放审核应当形成全过程完整记录，并妥善保存、便于查阅。

第十二条 档案馆应当建立馆藏档案开放审核结论动态管理机制，明确动态管理责任，根据情势变化及时调整档案开放范围。

第四章　质量评估

第十三条 档案馆应当定期组织人员对档案开放审核质量管理的适宜性、充分性和有效性等进行评估，及时改进优化质量管理策略。

第十四条 质量评估的主要内容：档案开放审核流程是否执行到位；质量管理措施是否落实到位；质量问题是否整改到位；审核结论是否合法合规、客观准确等。

第十五条 质量管理评估评应当根据评价类型、评价指标设定评估标准，重点对管理职责、资源管理、过程管理、结果管理进行评估。具体评估标准见附表。

第十六条 质量评估过程中，应当对档案开放审核质量管理过程进行回顾分析，对不符合质量标准、操作规范等的情况均应当记录，并予以说明，有重大误差的应当重新审核。

第十七条 质量评估结果，应当用于改进质量管理计划及其过程的有效性、科学设置开放审核工作流程、满足利用需求等。

第十八条 质量评估可根据国家法律法规变化、重大质量事件、利用需求反馈、档案资源变化等增加频次。

第五章 附则

第十九条 本办法与国家、省主管部门新出台的有关规定不一致时，从其规定。

第二十条 本办法自公布之日起施行。

第五章 CHAPTER 5 | **档案开放审核**
安全管理研究

　　档案开放审核安全管理是指采取各种措施解决开放审核工作中存在的安全隐患，杜绝安全事故的发生。档案安全是档案工作的生命线，也是档案开放审核工作的底线和红线。国家档案馆在档案开放审核工作中，应在符合保密、国家安全、信息保护等法律法规规定的前提下开展档案开放审核工作，确保档案实体安全与档案信息安全，确保档案开放安全。

第一节　档案开放审核中的安全风险点

　　档案开放审核安全包括"软件"安全和"硬件"安全两个方面，"软件"安全涉及安全管理原则理念、规章制度、教育培训、应急预案等内容，"硬件"安全涉及审核场所、设施设备等内容。安全问题贯穿档案开放审核工作的全过程，在档案开放审核实践中，疏忽任何一个环节和因素，都可能危及档案开放安全。档案开放审核风险点主要表现在以下几个方面。

一、审核场所风险点

审核场所未进行封闭管理，现场工作人员和档案进出登记台账未建立或不完善，私人物品（手机、包、水杯、食品等）未于场外集中管控存放等。

二、设施设备风险点

视频监控存在盲区死角；门窗缺少必要防盗功能；消防设备设施不适合档案灭火，如烟感报警装置连接水喷淋系统，配置泡沫、干粉等不适合档案、易产生次生损害的灭火器；有害生物防范有漏洞，纱窗、管道等存在空隙，老鼠、蟑螂、毛衣鱼等生物易进入工作现场。

三、档案实体安全风险点

档案开放审核以档案实体为主进行审核时，档案在调卷、运输、中转过程中脱离监管；档案实体存在丢失、涂画篡改、翻动磨损等安全隐患；破损档案在审核过程损害加剧；不严格执行档案出入库规定，如调还卷不仔细清点登记、出库超期不进行消毒杀虫等。

四、档案信息安全风险点

档案开放审核使用的信息系统未实行"三员"分立的安全控制，未安装安全防控软件。开放审核工作中，涉密标志漏检或清理不彻底，造成涉密档案被公开；涉敏信息失察漏筛，造成涉敏内容被公开；信息存储时管理不到位，造成审核成果数据丢失、损坏或被篡改。

第二节　档案开放审核安全管理策略

档案开放审核安全管理策略的理念与其他领域一样，都应基于"安全第一、预防为主"的原则，严格执行档案安全管理相关法律法规、政策规定、标准规范以及安全防范预案，采取人防、物防、技防等综合防范措施，及时化解安全风险隐患，确保档案实体和档案信息绝对安全。

国家档案馆采用外包服务辅助开展档案开放审核工作的情况日渐增多，而这方面的安全防范策略和措施尚不健全，因此以下侧重从档案开放审核外包环境下的服务机构、场所、设施设备、档案实体和信息安全等方面的安全管理进行探讨，并提出相应的安全管理策略。

一、外包服务机构安全管理

在档案开放审核工作中引入档案服务机构，以项目推进方式进行信息筛选、标注和分类，辅助国家档案馆开展初审，是档案开放审核外包服务的主要方式，其安全管理的重点是初审阶段外包项目的安全管理。具体策略有二。

一是严格审核服务机构保密资质，严格执行《档案服务外包工作规范》等有关规定。服务机构须在境内注册，股东及工作人员须为境内公民，应有档案整理著录、数字化加工以及开放审核辅助服务的项目履约经历；审核人员应提供身份证等个人证明材料。

二是要求服务机构严格制定并执行开放审核安全保密制

度，健全安全岗位责任制，对审核人员进行安全保密培训，与之签订保密协议并报国家档案馆备案，支持、配合国家档案馆的安全保密检查。

二、场所安全管理

档案开放审核工作中的场所安全管理的主要策略有六。

一是审核工作场所应设在国家档案馆、档案形成单位或者移交单位内，并处于便于集中封闭管理的楼层或区域。

二是场所应符合"八防"等档案管理要求，尤其消防器材应配置二氧化碳、七氟丙烷等适合档案的灭火器或装置，条件许可的可配置超细水喷雾灭火系统。

三是应设置视频监控，确保审核工位、服务器、档案存放处等在监控范围内，监控数据应保存6个月以上。

四是应配备符合标准、满足需要的档案装具，用于存放待审核和已审核的档案实体。

五是加强人员管理。工作区内不得有私人物品，如手机、笔记本电脑等，审核人员私人物品应集中存放在工作区外；严禁擅自将场内物品带出；审核人员应挂牌上岗，并接受身份核查，严禁无关人士进入工作现场；工作人员不得在场内从事与工作无关的活动，严禁场内饮食、吸烟等。

六是国家档案馆应组织专人对审核工作场所进行安全检查（尤其是节假日前），确保安保制度落实。

三、设备、网络环境与数据载体安全管理

档案开放审核工作中的设备、网络环境与数据载体安全管理策略有四。

一是审核工作中应使用国家档案馆和档案形成单位或者移交单位自有设备，使用服务机构设备的，国家档案馆和档案形成单位或者移交单位应安排专业人员进行安全排查；审核使用的电脑等设备，应封闭所有非工作需要的数据端口。

二是审核工作中应使用国产电脑及正版软件，严禁安装无关软件。

三是审核工作网络应与其他网络物理隔离，禁止使用无线网卡、键盘、鼠标等；审核工作网络系统应有权限、设备、端口、日志等管理功能，以记录用户行为、设备接入等信息。

四是审核工作的设备和存储介质必须专用，并严禁带出场外或与其他设备和存储介质混用；非审核专用的设备和存储介质严禁带入工作现场；审核使用的移动存储介质和刻录设备应由专人

保管，数据拷贝和刻录应尽量集中进行，并做好使用记录。

四、档案实体安全管理

档案开放审核工作中的档案实体安全管理策略有三。

一是工作人员应现场监督服务机构按计划分批调还档案，并仔细清点、核对，确认无误后填写出入库清单，注明交接档案的内容、数量、时间和经办人等。

二是审核工作不得损害档案，发生损害时应及时上报，并按规定处理；审核中发现档案破损、散件或需拆卷等情况，服务机构登记后应立即向国家档案馆报告。

三是档案如需留存工作现场，须专人专柜保管，不得随意堆放，更不得在工位过夜；审核完毕的档案应及时回库，出库时间超过24小时应进行消毒杀虫。

五、设备处理及审核成果移交安全管理

档案开放审核工作中的设备处理及审核成果移交安全管理策略有六。

一是项目完成后，应对服务机构的审核设备、存储介质、

工作日志、问题确认单、档案调阅台账、审核数据交接台账、工作场所人员进出记录等材料进行验收。

二是监督服务机构拆除其自备设备中的硬盘等存储配件，并接收其在审核过程中使用过的U盘等移动存储介质。

三是对服务机构所用国家档案馆设备进行检查，确保无木马等不安全内容残留。

四是开放审核成果数据应通过国家档案馆信息部门的安全性和可用性检测，检测合格后审核部门与信息部门办理数据交接手续。

五是国家档案馆向档案形成单位或者移交单位移交初审意见时应书面告知有关审核要求，并明确告知有关材料应作工作秘密处理。

六是国家档案馆收到复审意见应进行复查，复查意见与初审意见差异较大时应返回档案形成单位或者移交单位再次复核确认，以确保档案开放安全。

参考案例：档案开放审核安全管理办法

第一章　总　则

第一条　为加强档案开放审核工作安全管理，确保档案实体和信息安全，根据《中华人民共和国档案法》《中华人民共和国保守国家秘密法》等法律法规和规定，结合我省实际，制定本办法。

第二条　本办法适用于国家档案馆，机关、团体、企事业单位和其他组织开展档案开放审核工作可参照执行。

第三条　档案开放审核安全管理应当按照"安全、合法、有效"的基本原则，建立权责明确、覆盖全员的岗位责任制，采取有效措施，应用科学手段，对开放审核全过程实行严格监管，确保档案实体和信息安全。

第二章　前期组织工作的安全管理

第四条　档案馆在档案开放审核的前期组织工作中，应当充分研判安全风险，明确安全管理职责任务，健全安全管理制度，制定安全风险防范预案，加强组织领导，督促严格落实。

第五条　档案馆应当从人员、经费、设备、场所等方面，为档案开放审核安全管理提供必要的保障。

第三章　工作场所的安全管理

第六条　档案馆开展档案开放审核工作，应当在本馆内设置符合要求的档案开放审核工作场所（以下简称场所）。

第七条　开放审核工作场所应符合下列条件：

（一）便于集中封闭管理的楼层或区域，场所内不应设置与开放审核工作无关的其他用房，使用档案原件进行开放审核的场所宜临近档案库房；

（二）配置可覆盖全场的防盗报警、视频监控系统，对档案开放审核工作实施全程录像监控，视频监控数据应长期保存备查；

（三）配备安全可靠的档案装具，用于档案的临时保管与存放；

（四）设置专用储物箱柜，用于工作人员存放私人物品；

（五）使用纸质档案进行开放审核的场所应符合防盗、防火、防水、防潮、防紫外线、防高温、防有害生物等档案安全保管要求，确保档案实体与信息不受损害。

第八条　档案馆应当加强对场所和相关人员的监督和管理，建立人员和档案进出场所的登记台账和管理制度。有条件的应在场所出入口安装安检门，对进出场所的人员进行安检和身份核查登记。

第九条 进入场所的工作人员严禁携带手机、相机、摄像机、笔记本电脑、各类移动存储介质等个人信息设备和其他与工作无关的私人物品，未经允许严禁将场所内任何与工作有关的物品带离场所，严禁工作人员在非工作时间进出场所，严禁与档案开放审核工作无关的人员进入场所。

第四章 工作流程的安全管理

第十条 严格执行出入库登记、档案出库超时消毒灭菌等档案馆档案库房管理规定。档案归库前，档案馆库房保管人员应当仔细清点检查，确保档案齐全、完整。

第十一条 档案馆应当根据档案载体材料和完好情况，选择适宜审核方式，并优先选择数字化副本进行开放审核。

第十二条 档案开放审核人员应当遵守有关操作规范和要求，防止对档案造成人为损害。

第十三条 在档案开放审核过程中，应当对涉及档案数字化副本与档案开放审核成果数据移交的各个环节，建立完备的登记和交接手续，并对用于开放审核工作的信息系统和信息设备采取身份认证、访问控制、安全审查等技术措施，确保档案数字化副本与档案开放审核成果数据的安全。

第十四条　档案馆会同档案形成单位或者移交单位开展档案开放审核，应当通过书面方式明确安全管理要求与职责，并对交接的审核材料、档案信息或目录进行查验。

第十五条　档案开放审核成果数据应当通过档案馆信息化部门的技术检验，确认无病毒、木马，并验证可有效利用后，方可移交并按规定储存到档案馆相关的档案信息系统数据库中。

第十六条　档案馆对审核成果的开放利用，应当制定科学合理的管理策略，采取用户认证、水印、文档加密等技术防护措施，确保档案开放审核成果不被篡改。

第五章　信息系统与设备的安全管理

第十七条　档案馆对用于档案开放审核工作的信息系统和计算机、移动存储介质等信息设备，应当按照所涉及档案的最高密级确定其保密级别，并按同等密级的国家秘密载体使用和管理。用于处理尚未开放且不包含国家秘密档案的信息设备，应当按照工作秘密的规定使用和管理。

第十八条　用于档案开放审核的信息设备及其组成的信息系统必须符合封闭性和独立性的要求，禁止与其他任何公共网络互联，禁止安装使用无线网卡、无线键盘、无线鼠标等各类具有无线互联功能的硬件模块和无线外围设备。

第十九条　开展档案开放审核时，应当采取物理或软件控制手段，对用于档案开放审核的信息设备的输入、输出接口进行管控，使接口在通常情况下处于封闭状态，任何人员对其不得擅自启封使用。因数据迁移、临时备份等工作需要使用信息设备的输入输出接口，应当报经相关负责人批准，并全程监督实施。数据迁移、临时备份使用的移动存储介质应由档案馆指定专人保管。

第二十条　完成档案开放审核工作任务后，档案馆应当按照相关规定保管或销毁所使用的存储介质等信息设备。

第六章　服务外包机构的安全管理

第二十一条　档案馆对档案开放审核辅助性业务进行服务外包，应当严格执行《档案服务外包工作规范》，承接服务外包的机构须具备下列条件：

（一）为在中华人民共和国境内登记注册的企业或事业法人；

（二）无境外（含港澳台）组织、机构、人员投资；

（三）具有与档案开放审核业务相关的涉密资质；

（四）无发生泄密事件和非法获取或持有国家秘密载体等保密违法行为纪录；

（五）具备与档案开放审核工作相适应的业务能力、技术背景、信息设备，安全保密管理制度健全；

（六）参与档案开放审核工作的人员为中华人民共和国境内公民，并与所在档案服务机构签订保密承诺书。

第二十二条　档案馆应当严格审查服务外包机构的有关资质，签订外包合同时应一并签订安全保密协议，明确档案服务机构的保密义务与责任。合同实施过程中，档案馆应指定专门机构或专人负责对保密协议的执行情况进行日常监督和检查。

第七章　安全监督和检查

第二十三条　档案馆应当对参与档案开放审核工作的单位、人员执行安全管理规定等情况，进行经常性监督和检查。

第二十四条　对在档案开放审核工作中违反安全管理规定的单位或个人，应当责令限期整改，并依法依规追究责任。

第八章　附则

第二十五条　本办法与国家、省主管部门新出台的有关规定不一致时，从其规定。

第二十六条　本办法自公布之日起施行。

第六章 CHAPTER 6 | 档案开放审核辅助技术

档案开放审核工作具有工作量大、对象复杂和标准动态变化等特点，在信息技术蓬勃发展、日新月异的今天，传统低效的人工审核方式难以满足新时代要求。围绕档案开放审核中的各个维度和要素，选取并应用适宜的辅助技术，其中从初级的关键词提取技术、敏感词辅助技术，到语境语义分析技术，再到不断迭代的人工智能技术。借技术东风赋能，从根本上提升档案开放审核工作质效，助力档案工作加快走向智能化、开放化、现代化，对档案部门而言显得迫切而重要。

第一节　需求分析

新时代信息技术不断迭代更新，为传统行业源源不断地带来各种革新手段，随着互联网企业不断寻求跨界合作新途径，各行业迎来井喷式快速发展机遇期，档案开放审核工作面临同样的机遇和挑战。深入研究分析档案开放审核的瓶颈、短板和需求，结合实际需求，选取适宜的信息技术辅助技术，可以进一步从优化审核流程、缩短审核周期、提高审核质效等多方面持续发力，最大限度助力档案开放审核工作。

一、效率需求

在档案开放审核工作中应用辅助技术的初衷在于改进低效的人工审核现状，即充分发挥计算机计算速度快、精度高和逻辑性强等特点，运用技术化手段协助甚至代替人工进行大量标准化程式化的重复工作，将专业审核人员从繁杂乏味的同一化体力劳动中解放出来，将更多的时间和精力专注于研究审核业务本身，从而从根本上大大缩短审核时间，提高审核工作效率。

二、质量需求

由于人具有个体差异性和认知动态性，人工审核容易受审核人员水平、状态等多方面主观因素影响，可能造成相同内容不同人审核、相似内容同一人审核结果不同的情况，严重影响审核质量。相比而言，在标准明确、逻辑清晰的情况下，计算机程序具有较强的客观一致性和可移植性，在严格按照预设逻辑规则执行的情况下，对相同或相似内容的审核结果会始终保持一致，实现审核结果一定条件下的相对稳定，从而能有效提升审核工作质量。

三、规范化需求

目前审核标准尺度过于笼统，因地而异、因人而异、因时而异，令人难以准确把握，导致审核质量不高，审核工作进度推进缓慢。辅助技术能够将人的智慧和经验转化为逻辑和规则，建立客观描述且相对统一的开放审核标准，推动审核工作规范化，实现审核工作阶段性流水线作业，有利于促进档案开放审核工作良性可持续开展，助推新时代档案开放审核工作的转型升级。

第二节　技术应用

一、应用现状

据查阅相关论文及网络检索，目前档案开放审核辅助技术大多处于积极探索和初步实践阶段，各级国家档案馆普遍持谨慎态度，所以理论研究相对较少，应用实例更少。比如，冯佳对运用人工智能技术为档案开放鉴定服务，促进智慧档案建设进行了原理介绍与述评；聂云霞等人运用SWOT分析法考量人工智能技术在档案开放审核中的优势和劣势、机遇和威胁，并在此基础上提出应对之策；栾丽萍等人讨论了包含信息识别、敏感词比对、人工复核等步骤的敏感词库辅助开放审核技术，并尝试借助人工智能技术获得更高的效率和准确度；马怡琳等人研究推动人工智能技术在涉密档案信息识别和分析处理、涉密档案鉴定划控、涉密档案安全管理和涉密档案开放利用四个场景中的应用；李鹏达等人对数据挖掘技术在档案开放鉴定领域应用进行了初步研究，提出通过进行数据预处理、优选算法，鉴定规则函数化，发掘未知的关联关系，构建辅助鉴定模型的对策。这些研究都处于初探或试提对策阶段，没有进行较为具体的实践检验。

二、应用原则

档案开放审核辅助技术（以下简称"辅助技术"）对于档案开放审核工作而言，既是其信息化的重要组成部分，也是提升其工作质效的重要手段，它包含两层含义：一是技术应用对象为档案开放审核工作；二是技术仅作为辅助手段，并不能完全取代人工。在档案开放审核工作中，档案开放审核辅助技术，并不是进行技术开发创新，而是技术应用创新，即结合实际需求，在审核工作中选择和应用相关联的、先进的、成熟的技术，助力赋能档案开放审核工作，实现技术为我所用，最终达到提升审核工作质效的目的。

辅助技术选用需要遵循三个基本原则。一是主次原则。由于档案开放审核工作对象的复杂性和标准的动态性，无论信息技术如何发展、如何先进，无论信息技术代替多少人工审核环节，无论信息技术在提升工作质效方面起到多大的作用，其从属地位始终不会改变。审核责任的主体仍是审核部门和人员，他们始终是审核标准的制定者、审核过程的监督者和审核结果的评价者。二是动态原则。技术选用和应用策略的制定和评价是动态的。一方面，先进技术也需要等待应用时机。另一方面，一些看似陈旧过时的审核策略，在新技术的加持下也可以焕发新生。例如，以前的主题词审核策略，由于提取结果质量很大程度上受到工作人员综合素质制约，审核质量难以满足实际需求，但借助目前成熟可靠的人工智能技术，可以迅速提取出较为准确的核心关键词，对于体量较大但主题鲜明、标准清晰的工作场景，可以大大提升审核人员或计算机的阅读和筛查速度，从而有效提升审核效率。三是适宜原则。技术应用不是选技术的大和小、新与旧、热与冷，而是要结合档案开放审核工作实际，充分考虑和评价技术应用的必要性、可行性以及实效性，同时也要与档案工作其他环节，如档案信息化、利用、保管等相互协同，避免出现重复建设的情况。不同的技术有不同的优势与短板，无论从初级的敏感词技术到简单的自动化技术，还是从语义语境分析技术到更高阶段的智能化智慧化技术，切合实际的技术才是对的，满足需求的技术才是好的。不能因为技术先进成熟，盲目跟风蹭热度，为应用而应用，导致耗费大量人力财力物力却收效甚微，甚至反向增加审核工作负担，影响阻碍审核工作的正常开展。

档案开放审核工作的人工审核流程包括三个基本环节：一是阅读获取档案直观内容，二是思考提取档案蕴含信息，三是根据既定审核标准，综合分析前两个环节成果，最终得到开放审核结果。辅助技术的运用，实质就是对以上三个环节的辅助，对照人工审核的三个环节，辅助技术应用的三个环节分别是：一、通过档案数字化、数据化，计算机读取到相关档案内容数据；二、通过档案信息化、知识化，计算机提取、分析和理解档案内容信息；三、通过档案自动化、智能化，结合相对统一的程式化既定审核标准，计算机吸收消化人工审核经验、模拟人工进行更快速、更稳定的审核工作。

三、应用展示

本书同时以四川省档案馆工作实践中应用的辅助技术和业界较为前沿、认同度较高的辅助技术为例进行简单展示，分析辅助技术在档案开放审核中的应用途径和思路。

（一）关键词提取技术

档案蕴含信息的提取实质上分为阅读理解和知识应用两个阶段，前者是对信息的直接提炼。笔者首先以自然语言处理技术（NLP）为主的关键词提取相关技术为例作简要介绍，为大家提供一种档案开放审核辅助技术的应用思路。该技术主要通过辅助人工进行阅读理解，从而达到提升审核人员阅读量、节省阅读时间的目的。

1.自然语言处理技术

自然语言处理技术又常被称为计算语言学，是计算机科学领域与人工智能领域中的一个重要方向。简而言之，它的作用在于让计算机能读懂、理解和运用人类语言，例如可帮助计算机进行文本的语义分析、情感分析等。

2.关键词提取原理

通过应用自然语言处理技术的关键词提取算法，从样本档案中快速提取关键词，批量提供给后续的人工审核环节，达到减少人工阅读量和节约阅读时间的目的，同时也为其他辅助技术如敏感词库，积累真实训练数据。

3.关键词提取步骤

标准的关键词提取分为两步，如图6-1所示，首先利用分词工具对档案内容进行分词，然后对候选词进行打分排序。不同的分词性能和评分函数会产生不同的关键词，因此关键词提取算法是这个环节的重点。

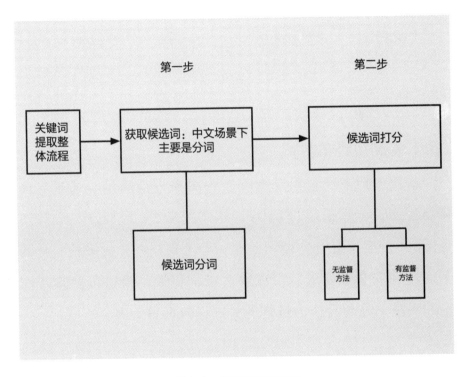

图 6-1　关键词提取流程

以基于离散加权的ＴＦ－ＩＤＦ、考虑词语网络关联的TextRank、引入词语–主题相关性的LDA以及分布式语义相近的KeyBERT等4种无监督算法为例，对比构建关键词提取模型，4种算法对比见表6-1。

表6-1 4种关键词提取算法对比

算法	原理	优点	缺点
TF-IDF 算法	基于词频统计	易于实现	没有考虑语境
TextRank 算法	迭代加权排序	考虑相邻关系	词量少时较差
LDA 算法	主题分布相似性	层次丰富	复杂主题不稳定
KeyBERT 算法	语义一致性假设	编码能力强	应用具有局限性

4.关键词提取实践

以新《档案法》第二十七条为对象进行演示，通过界面化小程序，分别运用TF-IDF算法（图6-2）和TextRank算法（图6-3）模型进行关键词提取，考虑到档案开放审核工作的全面性和安全性要求，可以将关键词提取结果进行并集（即合并去重）处理后作为最终的关键词数据集（图6-4）。

图 6-2 基于词袋加权的 TF-IDF 算法

图 6-3 考虑词关联网络的 TextRank 算法

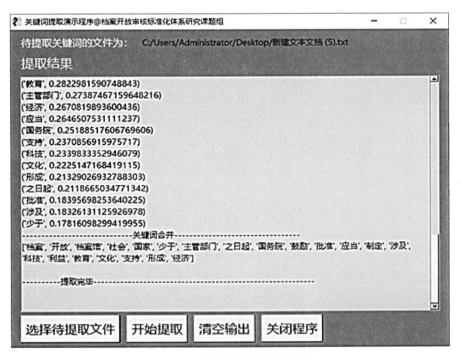

图 6-4　合并后得到的关键词

表 6-2　4 种算法模型得到的关键词提取结果

模型类型	关键词集合
TF-IDF	档案，开放，档案馆，社会，国家，少于，主管部门，之日起，国务院，鼓励，批准，应当，制定，涉及，科技，利益，教育，文化，支持，形成
TextRank	开放，档案，社会，国家，档案馆，制定，鼓励，教育，主管部门，经济，应当，国务院，支持，科技，文化，形成，之日起，批准，涉及，少于
LDA	社会，开放，国家，档案，部门，主管，利益，教育，支持，科技
KeyBERT	第二十七条，主管部门，具体办法，二十五年，国务院，档案馆，各级，之日起，制定，档案，批准，其他，以上，到期，国家，应当，或者，县级，利益，少于

对比结果可以看出，4种算法各有偏重，提取结果也有所区别，最后如何选取与应用需要结合审核对象特征，通过大量实践进行验证。

（二）敏感词技术

1.敏感词技术原理

敏感词辅助技术的基本原理是从大量可靠的审核结果数据中提取敏感词，建立完善敏感词库，反过来将敏感词库应用于档案开放的初审工作中。利用计算机处理速度快、精度高等特性，通过比对标注，快速、批量地对非涉密的待审核档案进行筛查分类，为整个审核工作节约大量时间。敏感词辅助技术研究主要包含两部分核心内容，一是敏感词库建设，二是敏感词库应用，两者交替进行、相互融合促进。

2.敏感词库设计

考虑到审核工作中档案的差异性和独特性，可将敏感词库基于"1+N"模式构建，其中"1"为基础库，"N"为多个专题库。基础库只有1个，包含被普遍认可的基础敏感词，特点是数量少、精度高、适用范围广，原则上适用于所有档案；专题库有多个，可以基于特定时期、地域、系统、全宗、专题等特定条件建立，特点是涉及内容较集中、针对性强、普遍适用性不高，需要在实践中不断丰富完善。敏感词库根据准确程度或所处阶段又分为初级敏感词库和可靠敏感词库，前者实质上为待选词集合，后者才是真正意义的敏感词库。

3.敏感词技术实践

一是建立词库。实验数据通过自然语言处理技术可得到样本词库，如图6-5所示，词库来源通常有两种，一种是通过关键词提取技术提取出的结果，另一种是基于某种策略进行全文特征词提取得到的结果，比如通过词频来提取。我们以其中一种提取策略为例，即对人工审核结果为不开放的档案进行关键词

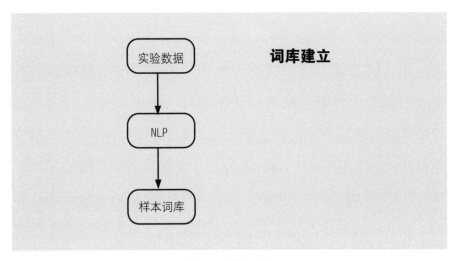

图 6-5　词库建立

提取，由于档案不开放，理论上提取结果大概率包含特定敏感词，这为下一步得到准确敏感词提供了真实有效的训练数据。通过反复进行以上步骤，得到大量训练数据后，就能建立起初级敏感词库。

二是完善词库。完善词库的过程就是通过进一步分析、筛选、过滤、分类处理，从初级敏感词库中提取高精度敏感词，并添加到可靠敏感词库的过程。词库完善的质效取决于两方面，一方面是人工审核数据集的准确性和稳定性，它决定敏感词库的质量，另一方面是技术的选用策略，它决定了词库的完善效率。

基本流程如图6-6所示：首先对提取得到的初级敏感词库进行统计分析，通过黑名单、白名单对词库进行过滤，不断丰富数据集、改进技术策略、完善训练方案，使词库、黑名单、白名单不断相互促进补充，最终在词库评价中达到技术指标要求，此时词库成为新增敏感词库，并入黑名单，形成新的可靠敏感词库。其中，黑名单是原有可靠敏感词库，白名单由不需要纳入敏感词库的干扰词组成，包含两部分内容：一部分是NLP中的停用词表（stopwords），是对该档案没有意义的常用词，比如"相同""形成"等；另一部分是结合待审核档案实际得出的对审核结果不起作用的干扰词，可在机器训练中得到，也可人工添加。

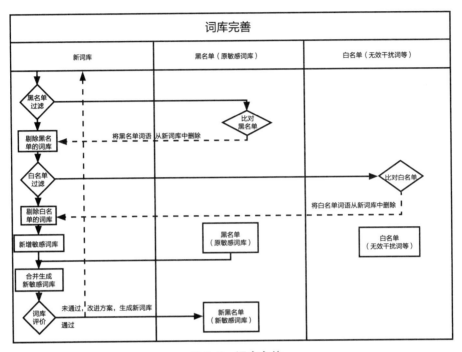

图 6-6　词库完善

三是词库应用和评价。如图6-7所示，第一步，根据实际需求，确定准确性和稳定性评价标准，例如，与人工审核的契合度达到60%为合格，80%为较好；多次技术审核结果与人工审核的契合度达到90%以上为性能稳定等。第二步，选取相同的一组或多组的待审核数据样本，通过比对人工审核和技术审核结果，对技术审核方案进行准确性评价。第三步，通过对相同数据反复进行技术审核，比对审核结果，对技术审核方案进行性能评价。最后根据评价结果调整、改进技术审核方案，反复

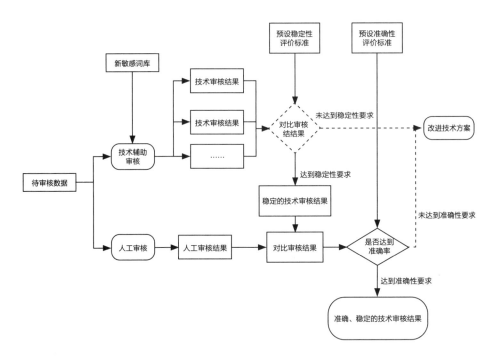

图 6-7　词库评价

进行词库完善和评价步骤，直到技术审核结果达到评价指标。

在档案开放审核实践过程中，可选取多个全宗进行关键词提取和敏感词技术的应用测试。通过初步探索和研究，我们发现，在档案开放审核工作中选取和应用成熟信息技术辅助，可以充分发挥计算机计算速度快、精度高、逻辑性强、结果稳定等特点，进一步改变低效的人工审核现状，大大提高审核工作效率，提升审核工作质量，促进审核工作规范化。

（三）AI辅助技术

浙江省档案专家结合近几年的业务探索、研究及项目实践，提出了一套较为成熟、高效的AI辅助档案开放审核解决方案，即以"AI+人工"的人机协同模式引领档案开放审机制创新。

1.技术方案

在档案开放审核服务过程中，从审核计划制定、定制本地化审核模型、数据交接、SM筛选、数据质量处理、AI辅助审核、专业人员审核等九个环节全方位构建AI辅助档案开放审核框架，有效实现档案开放审核的智能化治理和管控，从而推动档案开放审核工作向高质量发展。九步工作法如图6-8所示。

图6-8 九步工作法

2.技术原理

AI辅助审核、模型训练是人工智能技术应用核心。AI辅助审核有助于构建开放以及延期开放关键词规则库，可实现智能分库，并通过自动或人工分配审核任务，由AI辅助审核后形成初审意见，即形成开放或延期开放审核意见。模型训练有助于完善AI算法，其以根据终审数据形成的分类数据集为基础，进行AI算法模型训练，将大部分数据输入模型进行训练，并利用剩余的数据对训练好的模型进行准确率测试，预测准确率达到预期值以上时即认为模型训练成功，否则需要调整模型算法直至达到预期值。模型训练成果反哺审核系统，从而形成AI辅助开放审核的闭环管理。

3.案例分析

如表6-3、表6-4所示，采用"AI+人工"审核模式开展档案开放审核，借助AI的能力，审核工作战线缩短，效率显著提升，人力投入减少。同时，通过专业人员的审核加持，避免了AI审核的误判情况，大幅度提升审核质量，杜绝档案开放的安全隐患。

表 6-3　传统模式工作情况表

序号	类别	审核总量	日产量	工作人员	工期	备注
1	初审（AI）	50 万件	1000 件 / 小时	AI 助理	约 40 天	含审核规则、审核任务制定
2	复审（第三方人工）	23.75 万件	400 件 / 人天	4 人（其中一人为模型训练师）	约 200 天	以开放率为 25% 计算，开放件 100% 全审，延期开放件按 30% 进行抽审，含模型训练
合计					约 200 天	初审和复审可以并行开展

表 6-4　"AI+ 人工"模式工作情况表

序号	类别	审核总量	日产量	工作人员	工期	备注
1	初审（人工）	50 万件	300 件 / 人	2 人	约 830 天	
2	复审（人工）	23.75 万件	400 件 / 人	1 人	约 590 天	以开放率为 25% 计算，开放件 100% 全审，延期开放件按 30% 进行抽审
合计				3 人	约 830 天	初审和复审可以并行开展

第七章 CHAPTER 7 | 档案开放审核人才队伍建设

多渠道培养档案开放审核人才，建立一支高素质的档案开放审核人才队伍，是档案开放审核工作的当务之急。目前，国家档案馆档案开放审核人才匮乏，不仅数量严重不足，而且素质也参差不齐，难以满足日益艰巨繁重的档案开放审核工作任务。档案形成单位或者保管单位更是严重缺乏熟悉档案开放审核的业务人员。人才是根本，人才已然成为制约档案开放审核工作的瓶颈问题。加强档案开放审核人才队伍建设，是解决档案开放审核工作诸多问题的关键之举，也是长久之计。

第一节　档案开放审核队伍的构成

档案开放审核工作是一项人力需求大、牵涉范围广的专项工作，必须引入多元主体共同参与，配齐配强开放审核专业队伍，这支队伍应包括档案开放审核工作领导机构（如档案开放审核工作委员会或专家委员会）、馆藏档案开放审核人员、档案形成单位开放审核人员、服务外包机构人员等，上述人员共同构成开放审核队伍网络。

一、档案开放审核工作委员会及专家委员会

据调研，目前国家档案馆档案开放审核工作委员会的组建方式有多种。一是由单一的国家档案馆内部人员构成，包括分管档案开放审核工作的领导、各处（室）主要负责人、开放审核人员。二是由国家档案馆内部相关人员、档案局相关人员构成。三是由国家档案馆内部相关人员、档案局相关人员和高校专家学者构成。四是由国家档案馆内部相关人员、档案局相关人员、档案形成单位或保管单位相关人员构成。五是由国家档案馆内部相关人员、档案局相关人员、档案形成单位或保管单位相关人员和高校专家学者构成。以上组建方式各有其特点，但是应该明确的是，档案开放审核工作委员会构成应由单一的馆内人员向吸收馆外专家转变，开放审核工作委员会还可以吸纳方志、历史、保密等各方面的专家。能够成为档案开放审核工作委员会成员的，或是国家档案馆业务部门的骨干，或是档

案形成单位或保管单位的分管领导或业务骨干，或是高校专家学者。他们政治素质比较高，档案基础理论比较厚实，对本地区各项政策、社会动态比较了解，对档案内容比较熟悉，往往能够有效规避开放档案的风险，确保安全开放。档案开放审核工作委员会负责对审核标准、审核方案、审核结果进行把关，同时研究解决开放审核工作中的重大问题。

二、国家档案馆档案开放审核人员

1980年5月19日，中共中央书记处召开的第21次会议作出了开放历史档案的重要决定，拉开了我国档案开放审核工作的序幕。至今，档案开放审核工作已走过40多年的历史。在档案开放审核工作中，各级国家档案馆一直担任主角，独自承担着开放审核任务，直到2021年1月1日，新《档案法》规定档案开放审核任务由国家档案馆和档案形成单位或者移交单位共同负责。在40多年的档案开放历程中，各级国家档案馆积累了较为丰富的经验。同时，法律规定国家档案馆在档案开放审核中有"会同"职责。因此，国家档案馆作为此项工作的发起方，在工作中应扮演组织、协调以及全流程管理的角色。同时，国家档案馆要发挥在政策理解、标准把握、人员力量等方面的优势，"分工不分家"，对档案形成单位的档案开放审核工作给予指导。

三、档案形成单位开放审核人员

新《档案法》规定："馆藏档案的开放审核，由档案馆会同档案形成单位或者移交单位共同负责。尚未移交进馆档案的开放审核，由档案形成单位或者保管单位负责，并在移交时附具意见。"新《档案法》赋予了档案形成单位或保管单位档案开放审核的重要责任，无论是对馆藏档案还是进馆档案，国家档案馆都要充分重视档案形成单位或保管单位的意见。这样做是基于以下两点考虑。一是相比国家档案馆来说，档案形成单位更了解本单位业务工作性质和业务范围的发展状况，对本单位形成的档案的具体内容有更透彻的了解。二是档案形成单位能掌握本单位档案需保密的关键部分及其密级情况和知悉范围，对本单位不宜开放的档案内容能够把握得比较准确，尤其是涉及本单位内部或专业性较强的档案时，更容易区分哪些可以开放，哪些应该控制使用。因此，档案形成单位的审核人员是档案开放审核的骨干力量，他们既负责进馆档案的开放审核，又为馆藏档案开放审核提供重要参考依据。同时，还可以对涉密档案提出降密、解密及是否开放的意见。

四、服务外包机构人员

档案开放审核工作本应是国家档案馆、档案形成单位或者保管单位的主责主业，但封闭期届满需要做开放审核的档案数量巨大，为加快档案开放审核进度，部分国家档案馆采取了业务外包的形式。通过项目招标，由项目公司协助国家档案馆做一些基础性的、辅助性的档案开放审核前期工作，如先由项目公司协助国家档案馆做敏感信息摘录，国家档案馆开放审核人员再根据项目公司提供的档案摘录信息，判断档案的开放与延期开放。再如，项目公司开发人工智能软件、建立敏感词库，通过关键词、敏感词、上下文语义分析，初步形成开放审核建议，国家档案馆开放审核人员在此基础上复审，大大加快审核速度。因此，服务外包机构人员尽管是档案开放审核辅助人员，做的是基础的外围工作，但依然是档案开放审核工作的直接参与者，是开放审核人员不可缺少的一分子。他们对档案敏感信息的摘录、筛查、初判等，都需要了解有关档案开放审核的法律法规、审核标准、质量规范等。

第二节　档案开放审核人员的素质要求

　　档案开放审核队伍的构成，从狭义上讲，主要包括国家档案馆档案开放审核专职人员、国家档案馆档案开放审核工作委员会或专家委员会成员，档案形成单位或移交单位档案开放审核人员，提供辅助服务的服务外包机构人员，等等。从广义上讲，还应包括档案主管部门组织指导监督档案开放审核的相关人员，以及参与领导管理、组织协调、审核审批的相关负责人员等。不论广义还是狭义的档案开放审核人员，都需要具备相应的政治素养、法律素养、专业素养、政策水平和研判能力。

一、政治素养

　　档案是历史的原始记录，是过去和现在的机关、团体、企业事业单位和其他组织以及个人从事经济、政治、文化、社会、生态文明、军事、外事、科技等方面活动直接形成的对国家和社会具有保存价值的各种文字、图表、声像等不同形式的历史记录。档案天然所具有的政治性、机密性特点，决定了很多档案不能一生成就流入社会公共领域被广泛利用，因而有了档案封闭期的概念。档案工作承担着"存史、资政、育人"的职责使命，这就要求档案开放审核人员在开放审核工作中具有较高政治素养，坚持"档案工作姓党"，把牢开放审核工作的政治方向。档案开放审核人员首先要考虑开放档案是否符合党的路线方针政策，是否有利于维护党和国家的利益，是否有利于巩固党的执政基础和执政地位，其中特别是要正确把握历史发展的主流和本质，确保档案开放审核工作始终沿着正确的政治方向前进。

二、法律素养

与档案开放审核相关的法律法规可分为三类：一是档案开放审核方面的法律法规。它们与档案开放审核工作直接相关，是档案开放审核的主要依据，这些法律法规如《中华人民共和国档案法》《中华人民共和国档案法实施条例》《国家档案馆档案开放办法》《各级国家档案馆馆藏档案解密和划分控制使用范围的暂行规定》《机关档案管理规定》等。二是与档案开放审核密切相关的政策法规。如《中华人民共和国政府信息公开条例》，该条例要求自该政府信息形成或者变更之日起20个工作日内予以公开，国家档案馆开展档案开放审核工作应符合政府公开法规，做好档案开放与政府信息公开的衔接。三是档案降解密方面的法律法规。如《中华人民共和国保守国家秘密法》《中华人民共和国保守国家秘密法实施条例》《国家秘密解密暂行办法》等。其中，《国家秘密解密暂行办法》明确了解密主体、解密条件、解密程序、解密后的管理，是定密单位降解密工作的具体依据和工作标准，也是做好档案开放审核的前提，涉密档案必须先完成解密工作后才能做开放审核。

三、专业素养

档案开放审核前需要过基础业务关，档案开放审核面临着大量需解决的基础工作。首先，要熟悉馆藏，国家档案馆收集了本级单位形成的档案，档案形成单位众多、涉及广泛，因此在档案开放审核前应了解档案来源、历史沿革，文件形成的一般过程等。其次，要熟悉档案整理工作，详细了解拟开放审核档案的全宗整理情况，在对实体档案进行开放审核时，我们会发现前期实体档案整理有大量不规范的情况，案卷质量较差，如分件不准确、文件重复、页码漏编错编、著录错误等问题，这些本应在档案进馆之前就解决的案卷质量问题遗留至今,使得档案开放审核工作步履维艰。

四、政策水平

档案内容涉及广泛,涵盖政治、经济、文化、社会、生态、民族、宗教、外事、军事等各个领域。面对包罗万象的档案内容,档案开放审核工作不仅涉及档案价值实现的问题,而且涉及知识产权、信息安全、信息知情权等法律问题。因此,对于档案开放审核人员来说,仅仅局限于专业知识是不够的,还必须要有较高的政策水平,应该熟悉或了解包含政治、经济、文化、社会、生态文明和党的建设以及国防外交等各个方面的方针政策、工作常识,这样才能从整体上把握各类档案开放后是否存在风险。

五、研判能力

一份档案能否公开,需要多维度考量,包括国家安全、商业机密、个人隐私、相关联的负面影响等,这需要审核人员具备多方面素养,如了解掌握档案管理方针政策、档案法律法规、档案形成的时代背景、行业特征，以及相关档案的披露对当今政治经济、国际关系的影响等。开放审核人员应具有较强的综合分析和判断能力，在审视档案时可以从档案的来源、内容、载体以及与其他档案的联系上权衡它的价值及敏感度，把这份档案或这个案卷放到一个全宗甚至更大的领域去考虑它的安全性，全面地、历史地、客观地分析评价每件档案后判断一份档案是否开放。

第三节　档案开放审核人才队伍建设策略

建立高素质的档案开放审核人才队伍，是做好档案开放审核工作的根本保障。档案部门应把加强档案开放审核人才队伍建设提上重要议事日程，采取有力有效措施，大力培养造就一支政治过硬、作风扎实、业务精湛的专业审核人才队伍。

一、多渠道培养提升档案开放审核人才

一是加强顶层设计，国家档案主管部门研究制定包括档案开放审核人员在内的档案专业人才培养培训系统方案，既能解

决当前之需，又可服务未来的档案开放审核工作

二是鼓励开设档案专业的高等院校以及档案中职学校，增设档案开放审核专业课程，并加强实训实践，培养一批既有理论功底，又会实践操作的档案开放审核专业人员队伍。

三是组织档案开放审核专题培训，通过继续教育或档案业务培训，围绕档案开放审核业务进行学习、交流、研讨，提高档案开放审核人员的专业素质。

四是开展馆际交流，互学互鉴。加强国家档案馆之间、同行之间的交流，通过参观、座谈、学术研讨等形式，使档案开放审核人员拓宽思路，取长补短。

五是激励审核人员主动钻研业务，学习档案理论，学习政策法规，学习历史知识，探求档案开放审核的特点和规律，并转化为推动工作的思路和措施。

二、建立档案开放审核专家库

从国家、省级、市级层面，分别建立档案开放审核专家库，负责研判档案开放审核中的专业问题，实时解答、探讨疑难案例等。当国家档案馆与档案形成单位或者移交单位存在审核意见分歧时，专家参与审核把关工作，最终形成统一、专

业、准确的开放审核结果。

三、稳定档案开放审核队伍

与档案业务工作的其他环节不同，档案开放审核工作具有政治性、政策性、专业性、复杂性等特点，优秀的档案开放审核人员不是一朝一夕可以培养起来的，而是需要经验和时间的积淀。因此，应保持档案开放审核队伍的相对稳定性。

四、建立容错免责机制

国家出台相关政策时应增加"尽职免责"条款，可考虑建立档案开放审核考核监督和免责机制，在明确奖惩的同时，对开放审核工作中出现的问题不一概而论，对审核人员依法依规、按程序完成的审核结果，如果因情势变化或其他原因导致审核结果出现偏差或问题时，应实事求是区分责任，不应由审核人员承担的要启动免责机制，以便解决审核人员的后顾之忧，更好地激发工作动力。

附录 APPENDIX

中华人民共和国档案法

（1987年9月5日第六届全国人民代表大会常务委员会第二十二次会议通过 根据1996年7月5日第八届全国人民代表大会常务委员会第二十次会议《关于修改〈中华人民共和国档案法〉的决定》第一次修正 根据2016年11月7日第十二届全国人民代表大会常务委员会第二十四次会议《关于修改〈中华人民共和国对外贸易法〉等十二部法律的决定》第二次修正 2020年6月20日第十三届全国人民代表大会常务委员会第十九次会议修订）

目录

第一章　总则

第一条　为了加强档案管理，规范档案收集、整理工作，有效保护和利用档案，提高档案信息化建设水平，推进国家治理体系和治理能力现代化，为中国特色社会主义事业服务，制定本法。

第二条　从事档案收集、整理、保护、利用及其监督管理活动，适用本法。

本法所称档案，是指过去和现在的机关、团体、企业事业单位和其他组织以及个人从事经济、政治、文化、社会、生态文明、军事、外事、科技等方面活动直接形成的对国家和社会具有保存价值的各种文字、图表、声像等不同形式的历史记录。

第三条 坚持中国共产党对档案工作的领导。各级人民政府应当加强档案工作，把档案事业纳入国民经济和社会发展规划，将档案事业发展经费列入政府预算，确保档案事业发展与国民经济和社会发展水平相适应。

第四条 档案工作实行统一领导、分级管理的原则，维护档案完整与安全，便于社会各方面的利用。

第五条 一切国家机关、武装力量、政党、团体、企业事业单位和公民都有保护档案的义务，享有依法利用档案的权利。

第六条 国家鼓励和支持档案科学研究和技术创新，促进科技成果在档案收集、整理、保护、利用等方面的转化和应用，推动档案科技进步。

国家采取措施，加强档案宣传教育，增强全社会档案意识。

国家鼓励和支持在档案领域开展国际交流与合作。

第七条 国家鼓励社会力量参与和支持档案事业的发展。

对在档案收集、整理、保护、利用等方面做出突出贡献的单位和个人，按照国家有关规定给予表彰、奖励。

第二章　档案机构及其职责

第八条　国家档案主管部门主管全国的档案工作，负责全国档案事业的统筹规划和组织协调，建立统一制度，实行监督和指导。

县级以上地方档案主管部门主管本行政区域内的档案工作，对本行政区域内机关、团体、企业事业单位和其他组织的档案工作实行监督和指导。

乡镇人民政府应当指定人员负责管理本机关的档案，并对所属单位、基层群众性自治组织等的档案工作实行监督和指导。

第九条　机关、团体、企业事业单位和其他组织应当确定档案机构或者档案工作人员负责管理本单位的档案，并对所属单位的档案工作实行监督和指导。

中央国家机关根据档案管理需要，在职责范围内指导本系统的档案业务工作。

第十条　中央和县级以上地方各级各类档案馆，是集中管理档案的文化事业机构，负责收集、整理、保管和提供利用各自分管范围内的档案。

第十一条　国家加强档案工作人才培养和队伍建设，提高档案工作人员业务素质。

档案工作人员应当忠于职守，遵纪守法，具备相应的专业知识与技能，其中档案专业人员可以按照国家有关规定评定专业技术职称。

第三章 档案的管理

第十二条 按照国家规定应当形成档案的机关、团体、企业事业单位和其他组织，应当建立档案工作责任制，依法健全档案管理制度。

第十三条 直接形成的对国家和社会具有保存价值的下列材料，应当纳入归档范围：

（一）反映机关、团体组织沿革和主要职能活动的；

（二）反映国有企业事业单位主要研发、建设、生产、经营和服务活动，以及维护国有企业事业单位权益和职工权益的；

（三）反映基层群众性自治组织城乡社区治理、服务活动的；

（四）反映历史上各时期国家治理活动、经济科技发展、社会历史面貌、文化习俗、生态环境的；

（五）法律、行政法规规定应当归档的。

非国有企业、社会服务机构等单位依照前款第二项所列范围保存本单位相关材料。

第十四条 应当归档的材料，按照国家有关规定定期向本单位档案机构或者档案工作人员移交，集中管理，任何个人不得拒绝归档或者据为己有。

国家规定不得归档的材料，禁止擅自归档。

第十五条 机关、团体、企业事业单位和其他组织应当按照国家有关规定，定期向档案馆移交档案，档案馆不得拒绝接收。

经档案馆同意，提前将档案交档案馆保管的，在国家规定的移交期限届满前，该档案所涉及政府信息公开事项仍由原制作或者保存政府信息的单位办理。移交期限届满的，涉及政府信息公开事项的档案按照档案利用规定办理。

第十六条 机关、团体、企业事业单位和其他组织发生机构变动或者撤销、合并等情形时，应当按照规定向有关单位或者档案馆移交档案。

第十七条 档案馆除按照国家有关规定接收移交的档案外，还可以通过接受捐献、购买、代存等方式收集档案。

第十八条 博物馆、图书馆、纪念馆等单位保存的文物、文献信息同时是档案的，依照有关法律、行政法规的规定，可以由上述单位自行管理。

档案馆与前款所列单位应当在档案的利用方面互相协作，可以相互交换重复件、复制件或者目录，联合举办展览，共同研究、编辑出版有关史料。

第十九条　档案馆以及机关、团体、企业事业单位和其他组织的档案机构应当建立科学的管理制度，便于对档案的利用；按照国家有关规定配置适宜档案保存的库房和必要的设施、设备，确保档案的安全；采用先进技术，实现档案管理的现代化。

档案馆和机关、团体、企业事业单位以及其他组织应当建立健全档案安全工作机制，加强档案安全风险管理，提高档案安全应急处置能力。

第二十条　涉及国家秘密的档案的管理和利用，密级的变更和解密，应当依照有关保守国家秘密的法律、行政法规规定办理。

第二十一条　鉴定档案保存价值的原则、保管期限的标准以及销毁档案的程序和办法，由国家档案主管部门制定。

禁止篡改、损毁、伪造档案。禁止擅自销毁档案。

第二十二条　非国有企业、社会服务机构等单位和个人形成的档案，对国家和社会具有重要保存价值或者应当保密的，档案所有者应当妥善保管。对保管条件不符合要求或者存在其他原因可能导致档案严重损毁和不安全的，省级以上档案主管部门可以给予帮助，或者经协商采取指定档案馆代为保管等确保档案完整和安全的措施；必要时，可以依法收购或者征购。

前款所列档案，档案所有者可以向国家档案馆寄存或者转让。严禁出卖、赠送给外国人或者外国组织。

向国家捐献重要、珍贵档案的，国家档案馆应当按照国家有关规定给予奖励。

第二十三条　禁止买卖属于国家所有的档案。

国有企业事业单位资产转让时，转让有关档案的具体办法，由国家档案主管部门制定。

档案复制件的交换、转让，按照国家有关规定办理。

第二十四条　档案馆和机关、团体、企业事业单位以及其他组织委托档案整理、寄存、开发利用和数字化等服务的，应当与符合条件的档案服务企业签订委托协议，约定服务的范围、质量和技术标准等内容，并对受托方进行监督。

受托方应当建立档案服务管理制度，遵守有关安全保密规定，确保档案的安全。

第二十五条　属于国家所有的档案和本法第二十二条规定的档案及其复制件，禁止擅自运送、邮寄、携带出境或者通过互联网传输出境。确需出境的，按照国家有关规定办理审批手续。

第二十六条　国家档案主管部门应当建立健全突发事件应对活动相关档案收集、整理、保护、利用工作机制。

档案馆应当加强对突发事件应对活动相关档案的研究整理和开发利用，为突发事件应对活动提供文献参考和决策支持。

第四章　档案的利用和公布

第二十七条　县级以上各级档案馆的档案，应当自形成之日起满二十五年向社会开放。经济、教育、科技、文化等类档案，可以少于二十五年向社会开放；涉及国家安全或者重大利益以及其他到期不宜开放的档案，可以多于二十五年向社会开放。国家鼓励和支持其他档案馆向社会开放档案。档案开放的具体办法由国家档案主管部门制定，报国务院批准。

第二十八条　档案馆应当通过其网站或者其他方式定期公布开放档案的目录，不断完善利用规则，创新服务形式，强化服务功能，提高服务水平，积极为档案的利用创造条件，简化手续，提供便利。

单位和个人持有合法证明，可以利用已经开放的档案。档案馆不按规定开放利用的，单位和个人可以向档案主管部门投诉，接到投诉的档案主管部门应当及时调查处理并将处理结果告知投诉人。

利用档案涉及知识产权、个人信息的，应当遵守有关法律、行政法规的规定。

第二十九条　机关、团体、企业事业单位和其他组织以及公民根据经济建设、国防建设、教学科研和其他工作的需要，可以按照国家有关规定，利用档案馆未开放的档案以及有关机关、团体、企业事业单位和其他组织保存的档案。

第三十条　馆藏档案的开放审核，由档案馆会同档案形成单位或者移交单位共同负责。尚未移交进馆档案的开放审核，由档案形成单位或者保管单位负责，并在移交时附具意见。

第三十一条　向档案馆移交、捐献、寄存档案的单位和个人，可以优先利用该档案，并可以对档案中不宜向社会开放的部分提出限制利用的意见，档案馆应当予以支持，提供便利。

第三十二条　属于国家所有的档案，由国家授权的档案馆或者有关机关公布；未经档案馆或者有关机关同意，任何单位和个人无权公布。非国有企业、社会服务机构等单位和个人形成的档案，档案所有者有权公布。

公布档案应当遵守有关法律、行政法规的规定，不得损害国家安全和利益，不得侵犯他人的合法权益。

第三十三条　档案馆应当根据自身条件，为国家机关制定法律、法规、政策和开展有关问题研究，提供支持和便利。

档案馆应当配备研究人员，加强对档案的研究整理，有计划地组织编辑出版档案材料，在不同范围内发行。

档案研究人员研究整理档案，应当遵守档案管理的规定。

第三十四条　国家鼓励档案馆开发利用馆藏档案，通过开展专题展览、公益讲座、媒体宣传等活动，进行爱国主义、集体主义、中国特色社会主义教育，传承发展中华优秀传统文化，继承革命文化，发展社会主义先进文化，增强文化自信，弘扬社会主义核心价值观。

第五章　档案信息化建设

第三十五条　各级人民政府应当将档案信息化纳入信息化发展规划，保障电子档案、传统载体档案数字化成果等档案数字资源的安全保存和有效利用。

档案馆和机关、团体、企业事业单位以及其他组织应当加强档案信息化建设，并采取措施保障档案信息安全。

第三十六条　机关、团体、企业事业单位和其他组织应当积极推进电子档案管理信息系统建设，与办公自动化系统、业务系统等相互衔接。

第三十七条　电子档案应当来源可靠、程序规范、要素合规。

电子档案与传统载体档案具有同等效力，可以以电子形式作为凭证使用。

电子档案管理办法由国家档案主管部门会同有关部门制定。

第三十八条　国家鼓励和支持档案馆和机关、团体、企业事业单位以及其他组织推进传统载体档案数字化。已经实现数字化的，应当对档案原件妥善保管。

第三十九条　电子档案应当通过符合安全管理要求的网络或者存储介质向档案馆移交。

档案馆应当对接收的电子档案进行检测，确保电子档案的真实性、完整性、可用性和安全性。

档案馆可以对重要电子档案进行异地备份保管。

第四十条　档案馆负责档案数字资源的收集、保存和提供利用。有条件的档案馆应当建设数字档案馆。

第四十一条　国家推进档案信息资源共享服务平台建设，推动档案数字资源跨区域、跨部门共享利用。

第六章　监督检查

第四十二条　档案主管部门依照法律、行政法规有关档案管理的规定，可以对档案馆和机关、团体、企业事业单位以及其他组织的下列情况进行检查：

（一）档案工作责任制和管理制度落实情况；

（二）档案库房、设施、设备配置使用情况；

（三）档案工作人员管理情况；

（四）档案收集、整理、保管、提供利用等情况；

（五）档案信息化建设和信息安全保障情况；

（六）对所属单位等的档案工作监督和指导情况。

第四十三条 档案主管部门根据违法线索进行检查时，在符合安全保密要求的前提下，可以检查有关库房、设施、设备，查阅有关材料，询问有关人员，记录有关情况，有关单位和个人应当配合。

第四十四条 档案馆和机关、团体、企业事业单位以及其他组织发现本单位存在档案安全隐患的，应当及时采取补救措施，消除档案安全隐患。发生档案损毁、信息泄露等情形的，应当及时向档案主管部门报告。

第四十五条 档案主管部门发现档案馆和机关、团体、企业事业单位以及其他组织存在档案安全隐患的，应当责令限期整改，消除档案安全隐患。

第四十六条 任何单位和个人对档案违法行为，有权向档案主管部门和有关机关举报。

接到举报的档案主管部门或者有关机关应当及时依法处理。

第四十七条 档案主管部门及其工作人员应当按照法定的职权和程序开展监督检查工作，做到科学、公正、严格、高效，不得利用职权牟取利益，不得泄露履职过程中知悉的国家秘密、商业秘密或者个人隐私。

第七章　法律责任

第四十八条　单位或者个人有下列行为之一，由县级以上档案主管部门、有关机关对直接负责的主管人员和其他直接责任人员依法给予处分：

（一）丢失属于国家所有的档案的；

（二）擅自提供、抄录、复制、公布属于国家所有的档案的；

（三）买卖或者非法转让属于国家所有的档案的；

（四）篡改、损毁、伪造档案或者擅自销毁档案的；

（五）将档案出卖、赠送给外国人或者外国组织的；

（六）不按规定归档或者不按期移交档案，被责令改正而拒不改正的；

（七）不按规定向社会开放、提供利用档案的；

（八）明知存在档案安全隐患而不采取补救措施，造成档案损毁、灭失，或者存在档案安全隐患被责令限期整改而逾期未整改的；

（九）发生档案安全事故后，不采取抢救措施或者隐瞒不报、拒绝调查的；

（十）档案工作人员玩忽职守，造成档案损毁、灭失的。

第四十九条　利用档案馆的档案，有本法第四十八条第一项、第二项、第四项违法行为之一的，由县级以上档案主管部门给予警告，并对单位处一万元以上十万元以下的罚款，对个人处五百元以上五千元以下的罚款。

档案服务企业在服务过程中有本法第四十八条第一项、第二项、第四项违法行为之一的，由县级以上档案主管部门给予警告，并处二万元以上二十万元以下的罚款。

单位或者个人有本法第四十八条第三项、第五项违法行为之一的，由县级以上档案主管部门给予警告，没收违法所得，并对单位处一万元以上十万元以下的罚款，对个人处五百元以上五千元以下的罚款；并可以依照本法第二十二条的规定征购所出卖或者赠送的档案。

第五十条　违反本法规定，擅自运送、邮寄、携带或者通过互联网传输禁止出境的档案或者其复制件出境的，由海关或者有关部门予以没收、阻断传输，并对单位处一万元以上十万元以下的罚款，对个人处五百元以上五千元以下的罚款；并将没收、阻断传输的档案或者其复制件移交档案主管部门。

第五十一条　违反本法规定，构成犯罪的，依法追究刑事责任；造成财产损失或者其他损害的，依法承担民事责任。

第八章　附则

第五十二条　中国人民解放军和中国人民武装警察部队的档案工作，由中央军事委员会依照本法制定管理办法。

第五十三条　本法自2021年1月1日起施行。

中华人民共和国国务院令

第772号

《中华人民共和国档案法实施条例》已经2023年12月29日国务院第22次常务会议通过，现予公布，自2024年3月1日起施行。

总理　李强

2024年1月12日

中华人民共和国档案法实施条例

第一章　总则

第一条　根据《中华人民共和国档案法》（以下简称《档案法》）的规定，制定本条例。

第二条　《档案法》所称档案，其具体范围由国家档案主管部门或者国家档案主管部门会同国家有关部门确定。

反映地方文化习俗、民族风貌、历史人物、特色品牌等的档案，其具体范围可以由省、自治区、直辖市档案主管部门会同同级有关部门确定。

第三条 档案工作应当坚持和加强党的领导，全面贯彻党的路线方针政策和决策部署，健全党领导档案工作的体制机制，把党的领导贯彻到档案工作各方面和各环节。

第四条 县级以上人民政府应当加强档案工作，建立健全档案机构，提供档案长久安全保管场所和设施，并将档案事业发展经费列入本级预算。

机关、团体、企业事业单位和其他组织应当加强本单位档案工作，履行档案工作主体责任，保障档案工作依法开展。

第五条 国家档案馆馆藏的永久保管档案分一、二、三级管理，分级的具体标准和管理办法由国家档案主管部门制定。

第六条 中央国家机关经国家档案主管部门同意，省、自治区、直辖市有关国家机关经本级档案主管部门同意，可以制定本系统专业档案的具体管理制度和办法。

第七条 县级以上人民政府及其有关部门，应当加强档案宣传教育工作，普及档案知识，传播档案文化，增强全社会档案意识。

第八条 国家加强档案相关专业人才培养，支持高等院校、职业学校设立档案学等相关专业。

第九条 国家鼓励和支持企业事业单位、社会组织和个人等社会力量通过依法兴办实体、资助项目、从事志愿服务以及开展科学研究、技术创新和科技成果推广等形式，参与和支持档案事业的发展。

档案行业组织依照法律、法规、规章及其章程的规定，加强行业自律，推动诚信建设，提供行业服务，开展学术交流和档案相关科普教育，参与政策咨询和标准制定等活动。

档案主管部门应当在职责范围内予以指导。

第十条　有下列情形之一的，由县级以上人民政府、档案主管部门或者本单位按照国家有关规定给予表彰、奖励：

（一）对档案收集、整理、保护、利用做出显著成绩的；

（二）对档案科学研究、技术创新、宣传教育、交流合作做出显著成绩的；

（三）在重大活动、突发事件应对活动相关档案工作中表现突出的；

（四）将重要或者珍贵档案捐献给国家的；

（五）同违反档案法律、法规的行为作斗争，表现突出的；

（六）长期从事档案工作，表现突出的。

第二章　档案机构及其职责

第十一条　国家档案主管部门依照《档案法》第八条第一款的规定，履行下列职责：

（一）根据有关法律、行政法规和国家有关方针政策，研究、制定部门规章、档案工作具体方针政策和标准；

（二）组织协调全国档案事业的发展，制定国家档案事业发展综合规划和专项计划，并组织实施；

（三）对有关法律、行政法规、部门规章和国家有关方针政策的实施情况进行监督检查，依法查处档案违法行为；

（四）对中央国家机关各部门、中央管理的群团组织、中央企业以及中央和国务院直属事业单位的档案工作，中央级国家档案馆的工作，以及省、自治区、直辖市档案主管部门的工作，实施监督、指导；

（五）组织、指导档案理论与科学技术研究、档案信息化建设、档案宣传教育、档案工作人员培训；

（六）组织、开展档案领域的国际交流与合作。

第十二条　县级以上地方档案主管部门依照《档案法》第八条第二款的规定，履行下列职责：

（一）贯彻执行有关法律、法规、规章和国家有关方针政策；

（二）制定本行政区域档案事业发展规划和档案工作制度规范，并组织实施；

（三）监督、指导本行政区域档案工作，对有关法律、法规、规章和国家有关方针政策的实施情况进行监督检查，依法查处档案违法行为；

（四）组织、指导本行政区域档案理论与科学技术研究、档案信息化建设、档案宣传教育、档案工作人员培训。

第十三条 乡镇人民政府依照《档案法》第八条第三款的规定，履行下列职责：

（一）贯彻执行有关法律、法规、规章和国家有关方针政策，建立健全档案工作制度规范；

（二）指定人员管理本机关档案，并按照规定向有关档案馆移交档案；

（三）监督、指导所属单位以及基层群众性自治组织等的档案工作。

第十四条 机关、团体、企业事业单位和其他组织应当确定档案机构或者档案工作人员，依照《档案法》第九条第一款的规定，履行下列职责：

（一）贯彻执行有关法律、法规、规章和国家有关方针政策，建立健全本单位档案工作制度规范；

（二）指导本单位相关材料的形成、积累、整理和归档，统一管理本单位的档案，并按照规定向有关档案馆移交档案；

（三）监督、指导所属单位的档案工作。

第十五条　各级各类档案馆的设置和管理应当符合国家有关规定。

第十六条　国家档案馆应当配备与其职责和规模相适应的专业人员，依照《档案法》第十条的规定，履行下列职责：

（一）收集本馆分管范围内的档案；

（二）按照规定整理、保管档案；

（三）依法向社会开放档案，并采取各种形式研究、开发档案资源，为各方面利用档案资源提供服务；

（四）开展宣传教育，发挥爱国主义教育和历史文化教育功能。

按照国家有关规定设置的其他各类档案馆，参照前款规定依法履行相应职责。

第十七条　档案主管部门、档案馆和机关、团体、企业事业单位以及其他组织应当为档案工作人员的教育培训、职称评审、岗位聘用等创造条件，不断提高档案工作人员的专业知识水平和业务能力。

第三章　档案的管理

第十八条　按照国家规定应当形成档案的机关、团体、企业事业单位和其他组织，应当建立档案工作责任制，确定档案工作组织结构、职责分工，落实档案工作领导责任、管理责任、执行责任，健全单位主要负责人承担档案完整与安全第一责任人职责相关制度，明确档案管理、档案基础设施建设、档案信息化等工作要求。

第十九条　依照《档案法》第十三条以及国家有关规定应当归档的材料，由机关、团体、企业事业单位和其他组织的各内设机构收集齐全，规范整理，定期交本单位档案机构或者档案工作人员集中管理，任何内设机构和个人不得拒绝归档或者据为己有。

机关、群团组织、国有企业事业单位应当明确本单位的归档范围和档案保管期限，经同级档案主管部门审核同意后施行。单位内设机构或者工作职能发生重大变化时，应当及时调整归档范围和档案保管期限，经重新审核同意后施行。

机关、群团组织、国有企业事业单位负责所属单位的归档范围和档案保管期限的审核。

第二十条　机关、团体、企业事业单位和其他组织，应当按照国家档案主管部门关于档案移交的规定，定期向有关的国家档案馆移交档案。

属于中央级和省级、设区的市级国家档案馆接收范围的档案，移交单位应当自档案形成之日起满二十年即向有关的国家档案馆移交。属于县级国家档案馆接收范围的档案，移交单位应当自档案形成之日起满十年即向有关的县级国家档案馆移交。

经同级档案主管部门检查和同意，专业性较强或者需要保密的档案，可以延长向有关的国家档案馆移交的期限。已撤销单位的档案可以提前向有关的国家档案馆移交。

由于单位保管条件不符合要求或者存在其他原因可能导致不安全或者严重损毁的档案，经协商可以提前交有关档案馆保管。

第二十一条　档案馆可以按照国家有关规定，通过接受捐献、购买、代存、交换等方式收集档案。

档案馆通过前款规定方式收集档案时，应当考虑档案的珍稀程度、内容的重要性等，并以书面协议形式约定相关方的权利和义务，明确相关档案利用条件。

国家鼓励单位和个人将属于其所有的对国家和社会具有重要保存价值的档案捐献给国家档案馆。国家档案馆应当维护捐献者的合法权益。

第二十二条　档案馆应当对所保管的档案采取下列管理措施：

（一）建立健全科学的管理制度和查阅利用规范，制定有针对性的安全风险管控措施和应急预案；

（二）配置适宜安全保存档案、符合国家有关规定的专门库房，配备防火、防盗、防水、防光、防尘、防有害气体、防有害生物以及温湿度调控等必要的设施设备；

（三）根据档案的不同等级，采取有效措施，加以保护和管理；

（四）根据需要和可能，配备适应档案现代化管理需要的设施设备；

（五）编制档案目录等便于档案查找和利用的检索工具。

机关、团体、企业事业单位和其他组织的档案保管，参照前款规定办理。

第二十三条　县级以上人民政府应当采取措施，保障国家档案馆依法接收档案所需的库房及设施设备。

任何单位和个人不得侵占、挪用国家档案馆的馆舍，不得擅自改变国家档案馆馆舍的功能和用途。

国家档案馆馆舍的建设，应当符合实用、安全、科学、美观、环保、节约的要求和国家有关工程建设标准，并配置无障碍设施设备。

第二十四条　机关、团体、企业事业单位和其他组织应当定期对本单位保管的保管期限届满的档案进行鉴定，形成鉴定工作报告。

经鉴定仍需继续保存的档案，应当重新划定保管期限并作出标注。经鉴定需要销毁的档案，其销毁工作应当遵守国家有关规定。

第二十五条　县级以上档案主管部门可以依托国家档案馆，对下列属于国家所有的档案中具有永久保存价值的档案分类别汇集有关目录数据：

（一）机关、群团组织、国有企业事业单位形成的档案；

（二）第一项所列单位之外的其他单位，经法律法规授权或者受国家机关依法委托管理公共事务形成的档案；

（三）第一项所列单位之外的其他单位或者个人，由国家资金支持，从事或者参与建设工程、科学研究、技术创新等活动形成的且按照协议约定属于国家所有的档案；

（四）国家档案馆保管的前三项以外的其他档案。

涉及国防、外交、国家安全、公共安全等的档案的目录数据，其汇集范围由有关档案主管部门会同档案形成单位研究确定。

第二十六条　档案馆和机关、团体、企业事业单位以及其他组织为了收集、交换散失在国外的档案、进行国际文化交流，以及适应经济建设、科学研究和科技成果推广等的需要，经国家档案主管部门或者省、自治区、直辖市档案主管部门依据职权审查批准，可以向国内外的单位或者个人赠送、交换、出售属于国家所有的档案的复制件。

第二十七条 一级档案严禁出境。二级档案需要出境的，应当经国家档案主管部门审查批准。

除前款规定之外，属于《档案法》第二十五条规定的档案或者复制件确需出境的，有关档案馆、机关、团体、企业事业单位和其他组织以及个人应当按照管理权限，报国家档案主管部门或者省、自治区、直辖市档案主管部门审查批准，海关凭批准文件查验放行。

档案或者复制件出境涉及数据出境的，还应当符合国家关于数据出境的规定。

相关单位和个人应当在档案或者复制件出境时主动向海关申报核验，并按照出境申请审查批准意见，妥善保管、处置出境的档案或者复制件。

第二十八条 档案馆和机关、团体、企业事业单位以及其他组织依照《档案法》第二十四条的规定委托档案服务时，应当确定受委托的档案服务企业符合下列条件：

（一）具有企业法人资格和相应的经营范围；

（二）具有与从事档案整理、寄存、开发利用、数字化等相关服务相适应的场所、设施设备、专业人员和专业能力；

（三）具有保证档案安全的管理体系和保障措施。

委托方应当对受托方的服务进行全程指导和监督，确保档案安全和服务质量。

第四章　档案的利用和公布

第二十九条　国家档案馆应当依照《档案法》的有关规定，分期分批向社会开放档案，并同时公布开放档案的目录。

第三十条　国家档案馆应当建立馆藏档案开放审核协同机制，会同档案形成单位或者移交单位进行档案开放审核。档案形成单位或者移交单位撤销、合并、职权变更的，由有关的国家档案馆会同继续行使其职权的单位共同负责；无继续行使其职权的单位的，由有关的国家档案馆负责。

尚未移交进馆档案的开放审核，由档案形成单位或者保管单位负责，并在移交进馆时附具到期开放意见、政府信息公开情况、密级变更情况等。

县级以上档案主管部门应当加强对档案开放审核工作的统筹协调。

第三十一条　对于《档案法》第二十七条规定的到期不宜开放的档案，经国家档案馆报同级档案主管部门同意，可以延期向社会开放。

第三十二条　档案馆提供社会利用的档案，应当逐步实现以复制件代替原件。数字、缩微以及其他复制形式的档案复制件，载有档案保管单位签章标识的，具有与档案原件同等的效力。

第三十三条 档案馆可以通过阅览、复制和摘录等形式，依法提供利用档案。

国家档案馆应当明确档案利用的条件、范围、程序等，在档案利用接待场所和官方网站公布相关信息，创新档案利用服务形式，推进档案查询利用服务线上线下融合。

第三十四条 机关、团体、企业事业单位和其他组织以及公民利用国家档案馆保管的未开放的档案，应当经保管该档案的国家档案馆同意，必要时，国家档案馆应当征得档案形成单位或者移交单位同意。

机关、团体、企业事业单位和其他组织的档案机构保管的尚未向国家档案馆移交的档案，其他机关、团体、企业事业单位以及公民需要利用的，应当经档案形成单位或者保管单位同意。

第三十五条 《档案法》第三十二条所称档案的公布，是指通过下列形式首次向社会公开档案的全部或者部分原文：

（一）通过报纸、期刊、图书、音像制品、电子出版物等公开出版；

（二）通过电台、电视台、计算机信息网络等公开传播；

（三）在公开场合宣读、播放；

（四）公开出售、散发或者张贴档案复制件；

（五）在展览、展示中公开陈列。

第三十六条　公布属于国家所有的档案，按照下列规定办理：

（一）保存在档案馆的，由档案馆公布；必要时，应当征得档案形成单位或者移交单位同意后公布，或者报经档案形成单位或者移交单位的上级主管部门同意后公布；

（二）保存在各单位档案机构的，由各单位公布；必要时，应当报经其上级主管部门同意后公布；

（三）利用属于国家所有的档案的单位和个人，未经档案馆或者有关单位同意，均无权公布档案。

档案馆对寄存档案的公布，应当按照约定办理；没有约定的，应当征得档案所有者的同意。

第三十七条　国家档案馆应当根据工作需要和社会需求，开展馆藏档案的开发利用和公布，促进档案文献出版物、档案文化创意产品等的提供和传播。

国家鼓励和支持其他各类档案馆向社会开放和公布馆藏档案，促进档案资源的社会共享。

第五章　档案信息化建设

第三十八条　机关、团体、企业事业单位和其他组织应当加强档案信息化建设，积极推进电子档案管理信息系统建设。

机关、群团组织、国有企业事业单位应当将档案信息化建设纳入本单位信息化建设规划，加强办公自动化系统、业务系统归档功能建设，并与电子档案管理信息系统相互衔接，实现对电子档案的全过程管理。

电子档案管理信息系统应当按照国家有关规定建设，并符合国家关于网络安全、数据安全以及保密等的规定。

第三十九条　机关、团体、企业事业单位和其他组织应当采取管理措施和技术手段保证电子档案来源可靠、程序规范、要素合规，符合以下条件：

（一）形成者、形成活动、形成时间可确认，形成、办理、整理、归档、保管、移交等系统安全可靠；

（二）全过程管理符合有关规定，并准确记录、可追溯；

（三）内容、结构、背景信息和管理过程信息等构成要素符合规范要求。

第四十条　机关、团体、企业事业单位和其他组织应当按照国家档案主管部门有关规定，定期向有关档案馆移交电子档案。电子档案移交接收网络以及系统环境应当符合国家关于网络安全、数据安全以及保密等的规定。不具备在线移交条件的，应当通过符合安全管理要求的存储介质向档案馆移交电子档案。

档案馆应当在接收电子档案时进行真实性、完整性、可用性和安全性等方面的检测，并采取管理措施和技术手段保证电子档案在长期保存过程中的真实性、完整性、可用性和安全性。

国家档案馆可以为未到本条例第二十条第二款所规定的移交进馆期限的电子档案提供保管服务，涉及政府信息公开事项的，依照《档案法》第十五条第二款的规定办理。

第四十一条 档案馆对重要电子档案进行异地备份保管，应当采用磁介质、光介质、缩微胶片等符合安全管理要求的存储介质，定期检测载体的完好程度和数据的可读性。异地备份选址应当满足安全保密等要求。

档案馆可以根据需要建设灾难备份系统，实现重要电子档案及其管理系统的备份与灾难恢复。

第四十二条 档案馆和机关、团体、企业事业单位以及其他组织开展传统载体档案数字化工作，应当符合国家档案主管部门有关规定，保证档案数字化成果的质量和安全。

国家鼓励有条件的单位开展文字、语音、图像识别工作，加强档案资源深度挖掘和开发利用。

第四十三条 档案馆应当积极创造条件，按照国家有关规定建设、运行维护数字档案馆，为不同网络环境中的档案数字资源的收集、长期安全保存和有效利用提供保障。

国家鼓励有条件的机关、团体、企业事业单位和其他组织开展数字档案室建设，提升本单位的档案信息化水平。

第四十四条　国家档案主管部门应当制定数据共享标准，提升档案信息共享服务水平，促进全国档案数字资源跨区域、跨层级、跨部门共享利用工作。

县级以上地方档案主管部门应当推进本行政区域档案数字资源共享利用工作。

第六章　监督检查

第四十五条　国家档案馆和机关、群团组织、国有企业事业单位应当定期向同级档案主管部门报送本单位档案工作情况。

第四十六条　档案主管部门对处理投诉、举报和监督检查中发现的或者有关部门移送的涉嫌档案违法的线索和案件，应当及时依法组织调查。

经调查，发现有档案违法行为的，档案主管部门应当依法予以处理。需要追究有关责任人责任的，档案主管部门可以依法向其所在单位或者任免机关、单位提出处理建议。有关机关、单位应当及时将处理结果书面告知提出处理建议的档案主管部门。

第四十七条 县级以上档案主管部门应当加强档案行政执法队伍建设和对档案行政执法人员的教育培训。从事档案行政执法工作的人员，应当通过考试，取得行政执法证件。

第七章 法律责任

第四十八条 国家档案馆违反国家规定擅自扩大或者缩小档案接收范围的，或者不按照国家规定开放、提供利用档案的，由县级以上档案主管部门责令限期改正；情节严重的，由有关机关对负有责任的领导人员和直接责任人员依法给予处分。

第四十九条 单位或者个人将应当归档的材料据为己有，拒绝交档案机构、档案工作人员归档的，或者不按照国家规定向国家档案馆移交档案的，由县级以上档案主管部门责令限期改正；拒不改正的，由有关机关对负有责任的领导人员和直接责任人员依法给予处分。

第五十条 单位或者个人侵占、挪用国家档案馆的馆舍的，由县级以上档案主管部门责令限期改正；情节严重的，由有关机关对负有责任的领导人员和直接责任人员依法给予处分；构成犯罪的，依法追究刑事责任；造成财产损失或者其他损害的，依法承担民事责任。

第五十一条　档案服务企业在提供服务过程中明知存在档案安全隐患而不采取措施的，档案主管部门可以采取约谈、责令限期改正等措施。

档案服务企业因违反《档案法》和本条例规定受到行政处罚的，行政处罚信息依照有关法律、行政法规的规定予以公示。

第八章　附则

第五十二条　本条例自2024年3月1日起施行。《中华人民共和国档案法实施办法》同时废止。

国家档案馆档案开放办法

2022年7月1日国家档案局令第19号公布　自2022年8月1日起施行

第一章　总则

第一条　为了推进和规范各级国家档案馆档案开放工作，进一步加强档案管理、促进档案利用，充分发挥档案在党和国家各项事业发展中的作用，根据《中华人民共和国档案法》等法律法规，制定本办法。

第二条　本办法所称档案开放，是指国家档案馆按照法定权限将形成时间达到一定年限、无需限制利用的馆藏档案经过法定程序向社会提供利用的活动。

第三条　档案开放应当遵循合法、及时、平等和便于利用的原则，实现档案有序开放、有效利用与档案实体和信息安全相统一。

第四条　国家档案馆应当建立健全档案开放工作制度，积极稳妥地推进档案开放，加强档案利用服务能力建设，保障单位和个人依法利用档案的权利。

第五条 国家档案主管部门负责统筹协调、监督指导全国档案开放工作，研究制定档案开放有关政策和工作规范。

县级以上地方档案主管部门负责统筹协调本行政区域的档案开放工作，对本行政区域内地方各级国家档案馆的档案开放工作实行监督指导。

第二章　档案开放主体和范围

第六条 国家档案馆负责各自分管范围内馆藏档案的开放。国家对档案开放的权限另有规定的，从其规定。

第七条 自形成之日起满二十五年的国家档案馆的档案，经开放审核后无需限制利用的应当及时向社会开放。经济、教育、科技、文化等类档案，经开放审核后可以提前向社会开放。

第八条 自形成之日起已满二十五年，但具有下列情形之一的国家档案馆的档案，可以延期向社会开放：

（一）涉及国家秘密且保密期限尚未届满、解密时间尚未到达或者解密条件尚未达成的；

（二）涉及国家和社会重大利益，开放后可能危及国家安全和社会稳定的；

（三）涉及知识产权、个人信息，开放后会对第三方合法权益造成损害的；

（四）其他按照有关法律、行政法规和国家有关规定应当限制利用的。

第九条　国家档案馆应当根据本办法第八条的规定，结合职责权限和馆藏档案实际，会同档案形成单位或者移交单位依法依规确定延期向社会开放档案的具体标准和范围。

第十条　国家档案馆不得擅自开放归属和管理权限不属于本馆的历史档案。如需开放，应当按照有关规定征得对该档案有归属和管理权限的档案馆的同意。

第十一条　国家档案馆以接受捐献、寄存方式收集的档案，是否开放应当按照与捐献、寄存档案的单位和个人的约定办理。未作约定的，国家档案馆应当征求捐献、寄存档案的单位和个人意见。无法取得意见的，由国家档案馆按照本办法有关规定办理。

第三章　档案开放程序和方式

第十二条　国家档案馆的档案应当依照有关法律、行政法规以及本办法的规定，进行开放审核，分期分批向社会开放。

第十三条　国家档案馆向社会开放档案应当按照以下程序

进行：

（一）计划。研究提出工作方案，明确档案开放工作目标、任务和要求，并报同级档案主管部门批准。

（二）组织。按照同级档案主管部门批准的工作方案牵头组织实施档案开放工作。

（三）审核。会同档案形成单位或者移交单位共同对馆藏档案进行开放审核。

（四）确认。按照本办法第十五条的规定确认档案开放审核结果。

（五）公布。以适当方式向社会公布开放档案的目录。

第十四条 县级以上地方档案主管部门应当协调建立本地区馆藏档案开放审核协同机制，明确国家档案馆牵头，档案形成单位或者移交单位参与，双方共同负责馆藏档案开放审核。

馆藏档案开放审核的具体规定由国家档案主管部门另行制定。

第十五条 馆藏档案开放审核结果应当由国家档案馆和档案形成单位或者移交单位协商一致确定。其中，延期向社会开放的档案，应当由国家档案馆将档案目录报同级档案主管部门审核。

第十六条 国家档案馆应当将有关档案开放的信息通过互

联网政务媒体、新闻发布会以及报刊、广播、电视等便于公众知晓的方式及时予以公布，并通过网站或者其他方式定期公布开放档案的目录。

第十七条　国家档案馆应当对延期开放的馆藏档案定期评估，因情势变化不再具有法律、行政法规以及本办法规定的延期向社会开放情形的，在履行相关程序后向社会开放。

第四章　开放档案利用和保护

第十八条　单位和个人持有合法证明可以利用国家档案馆已经开放的档案。机关、团体、企业事业单位和其他组织以及公民利用未开放档案应当向国家档案馆提出申请，按照规定办理有关手续。

国家档案馆应当依照有关法律、行政法规以及本办法的规定，制定档案利用的具体办法，明确档案利用的条件、方式、范围、程序等，并向社会公布。

第十九条　国家档案馆应当设置专门的档案利用场所并配备相应的设施、设备，通过信函、电话、网站、电子邮件和互联网政务媒体等多种方式，建立完善档案利用渠道，简化手续，积极为档案利用创造条件、提供便利。

第二十条　国家档案主管部门统筹建设开放档案查询利用

平台，推动开放档案跨区域共享利用。

第二十一条　单位和个人到国家档案馆利用档案，应当遵守档案利用的相关规定，并对所利用的档案负有保护的义务。

第二十二条　存在破损或者字迹褪变、扩散等情形且尚未完成修复的档案，如提供利用可能造成档案进一步受损的，国家档案馆可以暂缓提供利用。

第二十三条　已经印刷、复印、缩微、翻拍及数字化等复制处理的档案，国家档案馆应当使用复制件代替原件提供利用。古老、珍贵和重要档案，原则上不提供原件利用。

第二十四条　单位和个人在国家档案馆利用档案需要复制的，可以由国家档案馆代为办理，复制档案的数量由国家档案馆根据具体情况酌情决定。因档案保存状况和档案载体特点等原因不适宜复制的，国家档案馆可以不予复制。

第二十五条　单位和个人使用从国家档案馆摘录、复制的档案，应当遵守有关法律、行政法规和国家有关规定，不得损害国家利益、社会公共利益和第三方合法权益。在公开发表、出版的作品中使用国家档案馆尚未公布的档案，还应当遵守保管该档案的国家档案馆的有关规定。

第二十六条　举办展览、展示等活动需要使用国家档案馆档案的，一般应当使用复制件代替原件，档案原件原则上不外借。

第五章　保障和监督

第二十七条　档案主管部门应当协调有关部门，为国家档案馆开展档案开放工作创造条件、提供保障。

第二十八条　档案形成单位或者移交单位应当为国家档案馆开展档案开放工作提供便利，对应当共同负责的档案开放审核工作，不得拒绝、推诿、敷衍、拖延。无正当理由拒不履行档案开放审核职责的，由档案主管部门责令限期改正。

第二十九条　国家档案馆应当不断提高档案开放工作水平，改善档案利用服务条件，听取社会公众意见，完善反馈机制，接受社会监督。

第三十条　档案主管部门应当会同有关部门加强对国家档案馆档案开放工作的监督检查。对不按照规定向社会开放、提供利用档案的，档案主管部门应当督促整改，依法依规给予相应处理。

第三十一条　国家档案馆应当在每年1月31日前向同级档案主管部门提交上一年度档案开放工作年度报告。

年度报告应当包括档案开放工作计划执行情况、提供档案利用服务情况以及档案利用典型案例等。

第六章　附则

第三十二条　外国人、无国籍人、外国组织利用国家档案馆已经开放的档案，适用本办法。国家另有规定的除外。

第三十三条　国家档案馆应当根据本办法，结合工作实际，制定本馆档案开放工作的具体操作规定，报同级档案主管部门备案。

第三十四条　本办法自2022年8月1日起施行。国家档案局1991年12月26日发布的《各级国家档案馆开放档案办法》、《外国组织和个人利用我国档案试行办法》同时废止。之前有关档案开放的规定与本办法不一致的，按照本办法执行。

文献 参考 REFERENCES

[1] 丁海斌，康胜利，颜晗. 谈《档案法》与《档案法实施办法》修订的几个问题 [J]. 档案，2020(09):11–20.

[2] 锅艳玲，方晓丽. 综合档案馆档案开放鉴定研究 [J]. 档案与建设，2020(11):35–40.

[3] 路璐，任越. 基于新《档案法》开放规制的档案开放鉴定研究 [J]. 黑龙江档案，2021(03):11–13.

[4] 曾毅，常晓玥. 当前档案开放鉴定实践中的问题与思考 [J]. 兰台世界，2020(S2):13.

[5] 黄新荣，杨艺璇. 基于新修订《档案法》的档案利用权与公布权权责问题研究 [J]. 档案与建设，2021(05):15–20.

[6] 谭洪杰. 《档案法》修订对档案开放鉴定工作的影响及应对措施 [J]. 档案天地，2020(12):44–46.

[7] 冯慧慧. 加强档案开放鉴定工作思考 [J]. 兰台内外，2021(17):79–81.

[8] 曾毅. 档案开放审核协同机制研究——基于新修订档案法的视

角 [J]. 浙江档案，2021(8): 26–28.

[9] 王改娇，曹亚红. 层级鉴定:《档案法》修订后档案开放策略 [J].
档案管理，2021(1):16–17,20.

[10] 杨茜茜. 我国综合档案馆档案开放鉴定研究: 方法框架构建 [J].
档案与建设，2020(9):11–16.

[11] 杨扬，孙广辉，韩先吉. 敏感词全文比对在档案开放审核中的
应用实践 [J]. 中国档案，2020(11):58–59.

[12] 李鹏达，陈穹燕. 数据挖掘技术在档案开放鉴定领域应用初探 [J].
中国档案，2021(02):40–41.

[13] 葛洪义. 法律原则在法律推理中的地位和作用——一个比较的
研究 [J]. 法学研究，2002(06):3–14.

[14] 贺军，李扬新，吴玉婷. 档案开放程序规制构建的流程与方法 [J].
北京档案，2015(03):17–20.

[15] 詹逸珂，陈析宇. 合理实践"前端控制"——数字政府建设背
景下档案管理职能的延伸 [J]. 浙江档案，2021(8):17–19.

[16] 管先海，程媛媛. 谈馆藏档案的开放鉴定问题 [J]. 档案，2021(07):
61–64.

[17] 陈虹. 浅析影响档案开放鉴定的几个因素 [J]. 云南档案，2020(11):
42,47.

[18] 闫静，谢鹏鑫，张臻. 新《档案法》背景下机关档案室开放审
核权责探析——基于机关档案室开放审核情况问卷调研 [J]. 档
案与建设，2022(02):14–21.

[19] 徐洁. 新时期档案开放鉴定工作面临的问题及其对策探析 [J].
档案，2021(10):58–61.

[20] 张超. 新视域下做好档案开放鉴定工作之我见 [J]. 黑龙江档案，2021(03):14–15.

[21] 赵品. 政府信息公开背景下档案开放鉴定工作的挑战与对策研究——以基层央行档案工作为例 [J]. 档案天地，2021(05):39–40,64.

[22] 赵慧娟. 档案开放鉴定工作的挑战与对策研究 [J]. 办公室业务，2021(09):96–97.

[23] 谭洪杰. 档案信息"供求耦合"视角下的新时代档案开放鉴定工作 [J]. 档案天地，2020(06):56–58.

[24] 陈俐. 新时代档案开放鉴定工作探析 [J]. 中国档案，2018(09):42–43.

[25] 张思颖. 综合档案馆馆藏档案解密与开放审核实践探索 [J]. 北京档案，2022(03):29–32.

[26] 宋淑睿. 浅谈馆藏档案开放鉴定工作三步骤 [J]. 档案管理，2021(05):78–79.

[27] 陈肃. 对做好新时代档案开放鉴定工作的思考——以甘肃省档案馆为例 [J]. 档案，2019(12):60–63.

[28] 陈俐. 新时代国家综合档案馆档案开放鉴定的"危"与"机"[J]. 北京档案，2019(10):26–28.

[29] 马秀艳. 新时代馆藏档案开放审核工作的挑战与对策 [J]. 兰台世界，2021(06):125–127.

后记 POSTSCRIPT

　　《档案开放审核标准化体系建设》从档案开放审核工作机制、划控规则、质量管理、安全管理、辅助技术、人才队伍等维度，研究档案开放审核标准化体系的建设，力求在深度和广度上下功夫，在理论与实践上显视角，既源于实践，又指导实践，具有较强的指导性和实践性。

　　本书由编写组成员分别执笔撰写，同时，参考并引用了相关文献材料，并进行了保密与知识产权审查。本书源于四川省档案馆承担的国家档案局科技项目，在此，感谢国家档案局科技信息化司在研究过程中的鼎力支持和悉心指导，感谢自贡市档案馆、遂宁市档案馆、宜宾市档案馆、雅安市档案馆、自流井区档案馆、富顺县档案馆、南江县档案馆等积极应用研究成果，为本书的出版奠定了实践基础。

　　由于我们的水平有限，加之时间仓促，难免有疏漏之处，恳请广大读者批评指正。

写作组